QUESTIONS DU TEMPS PRÉSENT

É. BOUTMY
de l'Institut

LE BACCALAURÉAT
ET
L'ENSEIGNEMENT SECONDAIRE

(Projets de réforme)

Armand Colin & Cie, Éditeurs
5, rue de Mézières

LE BACCALAURÉAT

ET

L'ENSEIGNEMENT SECONDAIRE

59212. — PARIS, IMPRIMERIE LAHURE

9, rue de Fleurus, 9

QUESTIONS DU TEMPS PRÉSENT

É. [illegible]ITMY
de l'Institut

LE BACCALAURÉAT
ET
L'ENSEIGNEMENT SECONDAIRE

(Projets de réforme)

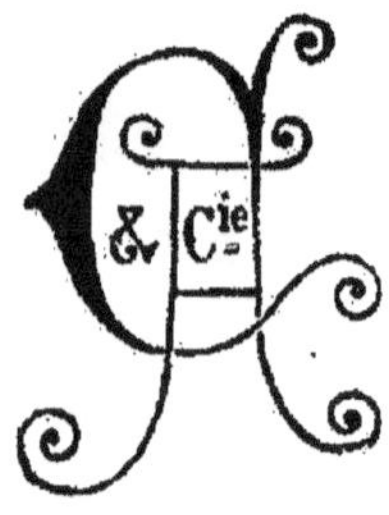

Armand Colin & Cie, Éditeurs
5, rue de Mézières

1899

TABLE DES MATIÈRES

LE BACCALAURÉAT

Le baccalauréat est violemment attaqué en ce moment par une élite de vaillants esprits; il a des adversaires déclarés en dehors de l'Université; il en a — et ce ne sont pas les moins ardents — parmi les universitaires eux-mêmes. Quels que soient le nombre et l'autorité de ceux qui mènent l'assaut, je ne crois pas que le moment de la capitulation soit proche. Le baccalauréat a pour lui le titre le plus considérable et la force la plus grande qu'il y ait au monde : la possession et l'habitude. Il est devenu une véritable institution sociale; notre législation se l'est incorporé; d'innombrables règlements en font mention et y attachent des droits ou des avantages. L'imagination du réformateur se trouble et les bras lui tombent devant l'énorme travail de refonte et de réédition auquel il faudrait soumettre les actes publics dont le baccalauréat fait partie intégrante. Notre bourgeoisie serait frappée d'une sorte de stupeur si soudain elle n'apercevait plus devant elle ce fanal qui la guide et sur lequel elle dirige ses fils; elle gémirait comme les animaux après un subit obscurcissement du ciel; elle se plaindrait hautement de ne plus savoir où elle va.

Ajoutez que le baccalauréat a pour lui, par instinct ou par raisonnement, deux classes d'hommes qu'on voit ordinairement aux prises l'une avec l'autre : les représentants de l'enseignement libre, et, au moins pour une partie, les théoriciens passionnés d'une ingérence et d'un contrôle de plus en plus actif de la part de l'État. Ceux-ci, après tout, sont en possession; ils ne se soucient pas de se dessaisir; il y a beaucoup d'inconnu dans l'effet des substituts qu'on leur offre; ils craignent de perdre au change et croient plus sûr de maintenir l'état existant. Les représentants de l'enseignement libre sont attachés au baccalauréat pour d'autres raisons qui peuvent être résumées en une phrase : la suppression de cet examen les exposerait à voir revivre en fait le monopole de l'Université. Les facultés de médecine et de droit, les administrations publiques sont les grandes consommatrices de bacheliers; elles absorbent la presque totalité des quantités produites. Le baccalauréat supprimé, rien ne les empêcherait de décider, spontanément ou sur injonction, qu'elles n'admettront à leurs examens, grades ou emplois, que des jeunes gens munis du certificat d'études d'un lycée de l'État[1]. Privés de leur principal débouché, les établissements libres se videraient et n'auraient plus qu'à fermer leurs portes; le baccalauréat les protège

1. Une décision d'un tout autre ordre, mais incontestablement dictée par cet esprit d'exclusion, avait été prise par le Conseil d'État au temps des jurys mixtes.

contre de tels actes d'intolérance. Il leur procure deux avantages considérables : 1° un jury élevé dont l'impartialité est au-dessus de tout soupçon; 2° un titre uniforme qui sert d'écran entre elles et les autorités dont elles peuvent redouter la malveillance. Le diplôme de bachelier octroyé par l'État sur la proposition d'un jury d'État suffit et répond à tout; il n'y a pas lieu de remonter au delà et de s'enquérir des préparations antérieures.

Voilà comment le baccalauréat, examen officiel, est devenu la meilleure sauvegarde de la liberté de l'enseignement secondaire, et voilà pourquoi les représentants de l'enseignement secondaire libre sont aujourd'hui ses défenseurs les plus fidèles et les plus décidés. Si le monopole de l'Université avait subsisté, il est à peu près certain que le baccalauréat aurait disparu depuis longtemps. L'établissement d'un régime de droit commun est ce qui a le plus fait pour nous le conserver; l'impossibilité de renoncer aujourd'hui à ce régime est ce qui garantit le mieux le maintien et la durée d'une institution décriée ou discréditée auprès de beaucoup de bons esprits.

Le baccalauréat est d'ailleurs efficacement protégé par la complexité et la divergence des intérêts et des droits qu'aurait à concilier tout système qu'on tenterait de lui substituer. Il est aussi difficile de s'en passer que de le remplacer. Aussi les projets de réforme sont-ils restés pendant de longues années à l'état d'aspirations et de rêveries, et jusqu'à ces derniers temps, aucune autorité responsable n'avait consenti à assumer les risques de l'opération. Un ministre de l'Instruction publique, M. Combes, a proposé, il y a près de trois ans, une réforme hardie; il vient de la reprendre devant le Sénat. Le baccalauréat est supprimé; il est remplacé par les deux examens de passage qui terminent la rhétorique et la philosophie. Dans tous les Lycées de l'État, le jury est formé des maîtres mêmes de l'établissement, c'est-à-dire des professeurs des deux dernières classes. Un jury d'État est institué pour les élèves des établissements libres. Il faut rendre cette justice au projet du ministre qu'il réduit au minimum le plus grave des défauts et des dangers du baccalauréat actuel : l'action énervante et désorganisatrice de l'examen sur les études.

La solution serait parfaite, à mon sens, si l'État ne se mêlait plus de contresigner les certificats d'études, de leur donner fictivement et faussement un égal crédit; s'il laissait à chaque parchemin la seule valeur qui résulte de la bonne renommée de l'établissement où il a été délivré. Au reste, je conçois bien l'État garant d'un examen ayant une portée scientifique; je ne le conçois pas se faisant la caution d'un examen élémentaire, superficiel, et où il y a si peu de différence entre ceux qui échouent et la très grande majorité de ceux qui passent. L'État poinçonne les matières d'or et d'argent, cela est fort bien, mais le voit-on établissant un bureau d'essai pour le cuivre et le laiton? Quoiqu'il en soit, nous n'avons sans doute pas les mœurs qui conviendraient pour une si large liberté. Mais il y a bien d'autres objections au projet de M. Combes. Si l'on maintient, sur la foi d'un contreseing ministériel, l'équivalence des certificats d'études, comment échapper à cette objection qu'à raison de l'énorme écart de valeur qui existe entre les lycées, les différences auront chance d'être ici plus grandes que dans tout autre système et en contradiction plus flagrante avec l'égalité officiellement attestée? Comment ne pas remarquer que les influences et les pressions qui peuvent amener les juges à un excès d'indulgence, se trouveront ici secondées par l'intérêt même de chaque établissement et que, s'exerçant sur les professeurs mêmes des candidats, sur des hommes accessibles par devoir aux parents de leurs élèves, elles n'auront jamais été mieux armées et plus irrésistibles? Enfin, n'est-ce pas créer un grief spécieux aux établissements libres que de les mettre en dehors de ce régime de huis clos qu'elles ne manqueront pas de représenter comme un régime de faveur?

Il a été question d'un autre plan émanant lui aussi d'un ministre. Chaque élève reçoit un livret de l'établissement où il a fait ses études; on y inscrit son rang dans la classe, ses notes pour chaque matière, une note générale. C'est ce document qui deviendrait la pièce maîtresse de l'examen. Un livret excellent exempterait d'une partie des épreuves; un livret médiocre ne dispenserait d'aucune : c'est le jury qui en déciderait. Les établissements libres réunissant certaines conditions seraient autorisés à munir l'élève d'un livret qui lui vaudrait les mêmes avantages que le livret officiel. Les objections ne manquent pas. D'abord, l'extrême inégalité de valeur des lycées, des collèges et des établissements libres ne serait pas supprimée; elle se retrouverait dans le livret en inégalité d'autorité et de crédit. On ne pourrait empêcher qu'un élève qui est le second dans une rhétorique de province très faible apportât un bon livret, tandis que l'élève qui est le 25e dans une rhétorique de Paris en apporterait un fort médiocre. On ne pourrait empêcher les parents d'exercer une pression intolérable sur le professeur pour obtenir l'omission d'une note ou d'une remarque défavorable. « N'ajoutez rien, ôtez-moi seulement ce mot qui est désobligeant. » En somme, la partie de l'examen qu'on ne passe pas demeurerait suspecte; les candidats obligés de subir les épreuves sur cette même partie en tireraient avantage; ils prétendraient être les seuls qui ont passé l'examen complet, les seuls qui offrent toutes les garanties que le public attend du diplôme.

Puisque toutes les raisons comme toutes les chances sont pour que le baccalauréat, en tant qu'examen d'État distinct du certificat d'études de l'enseignement secondaire, ne soit pas supprimé, prenons franchement notre parti de conserver l'institution et tâchons, s'il se peut, de l'améliorer.

Mais, pour l'amender à bon escient, il faut en avoir discerné, considéré, pesé, classé tous les inconvénients et tous les avantages. Nous avons entrepris, aussi méthodiquement qu'il nous a été possible, cette recherche ardue et assez ingrate; nous avons considéré successivement le baccalauréat comme moyen de classement social, comme qualification générale pour les carrières libérales, comme preuve et garantie officielle du talent et de l'acquis, comme brevet d' « honnête homme », au sens que ces mots avaient au XVIIe siècle, enfin comme stimulant supposé et comme régulateur effectif des études. Chacune de ces analyses nous a amené à reconnaître, soit une insuffisance, soit un vice de l'institution, et ces défauts à leur tour nous ont mis sur la voie des modifications et amendements les plus propres à y obvier. Toutes ces conclusions partielles nous ont paru s'ordonner d'elles-mêmes dans un plan d'ensemble dont nous croyons bien faire de tracer, sans plus attendre, les grandes lignes. Voici, largement dessiné en quelques traits, le schéma du plan proposé.

I

Esquisse du plan de réforme.

Ce schéma procède des principes suivants :

1° Le baccalauréat doit être un examen très

humble; il ne doit pas prétendre à embrasser tous les éléments d'une instruction libérale, mais simplement à faire la preuve d'une culture moyenne.

2° Il sera permis au candidat d'ajouter au baccalauréat d'autres matières qui lui agréent et de se composer un examen complémentaire qui lui soit propre. Le baccalauréat cesse donc d'être une sanction générale des études; ce sont les études elles-mêmes qui règlent la teneur de l'examen.

3° Le programme de l'instruction secondaire doit être rendu aussi indépendant que possible du baccalauréat; pareillement, le plan d'études et le travail de chaque élève. Programme, plan d'études et travail doivent pouvoir s'ordonner et se développer, sans égards aux nécessités et aux possibilités de l'examen.

4° Le diplôme doit contenir une notation aussi exacte que possible de la valeur de chaque candidat, aussi complète que possible de la composition de son acquis.

D'après ces principes, voici comment le baccalauréat devrait être organisé :

Le baccalauréat serait divisé en deux parties : la première ne comprendrait que les éléments fondamentaux d'une culture libérale; la seconde embrasserait les mêmes éléments plus approfondis; elle s'étendrait en outre aux autres matières que l'élève aurait jugé bon d'ajouter à ce premier fond.

Le premier examen comporterait un jugement

d'ensemble sur la culture du candidat; il pourrait donc se passer avec plus d'avantages et de lumières dans l'établissement public ou libre où le jeune homme a fait ses études. Là se trouvent réunis tous les documents et renseignements qui peuvent éclairer à fond les juges et leur fournir, mieux encore que l'examen, une connaissance complète de l'impétrant. Ces juges pourraient être pris parmi les professeurs de l'enseignement secondaire ou des Facultés, devenus honoraires; ils seraient présidés par un professeur de Faculté. Cette même commission, ou une commission toute pareille, fonctionnerait comme jury d'État pour les élèves qui ont été élevés dans le particulier et pour tous ceux des institutions publiques ou libres qui n'ont pas été en mesure de subir d'examens à l'intérieur d'un établissement.

Le premier examen se composerait comme aujourd'hui d'épreuves orales et d'épreuves écrites; il ne comprendrait, sauf une seule matière qui serait à option, que des matières obligatoires.

Les matières strictement obligatoires seraient : 1° la langue maternelle, 2° la langue latine, 3° l'histoire et la géographie, 4° les mathématiques, 5° la philosophie. La matière à option serait une seconde langue, classique ou moderne.

La nécessité et la valeur d'une solide connaissance du français n'ont pas besoin d'être démontrées. La principale raison d'apprendre une seconde langue est que les enfants y trouvent l'occasion de faire passer des idées d'un idiome dans l'autre. Rien de plus propre que cet exercice à former l'esprit, à lui faire saisir la pensée sous le voile des mots, à éclaircir et à nuancer en lui la conception, l'expression et le jugement. La supériorité générale des langues anciennes dans un travail de ce genre, l'avantage tout particulier du latin quand c'est le français qu'il s'agit d'apprendre, ne sauraient être contestés[1]. Mais le bénéfice des exercices de traduction demeure néanmoins assez notable avec l'anglais ou l'allemand, qui se recommandent d'ailleurs par leur utilité pratique. D'autre part, un grand nombre d'enfants peuvent s'embrouiller dans l'étude simultanée de trois ou quatre langues. Ils tireraient sans

1. Il est infiniment regrettable qu'en 1880 on ait maintenu au grec son caractère d'étude obligatoire; s'il avait été rendu facultatif, le latin, demeuré seul, aurait recueilli une large part des heures rendues disponibles; on aurait pu l'enseigner plus à fond et avec plus d'ampleur; l'excédent aurait pu être attribué à une langue vivante et à sa littérature; on n'aurait pas eu besoin d'organiser l'enseignement moderne. L'incomparable action plastique des langues classiques se serait exercée avec plus de force encore par une seule de ces deux langues mieux étudiée et mieux sue, on aurait eu en outre l'avantage plus immédiatement pratique qui résulte de la connaissance d'une langue vivante. Le maintien du grec sur la liste des matières obligatoires a rendu impossible cette heureuse combinaison. J'ai à me reprocher d'avoir été l'un des avocats d'une cause que je juge aujourd'hui tout autrement. L'opinion que je professe encore sur l'admirable pouvoir éducateur de la plus analytique des langues connues avait voilé un instant pour moi les difficultés et les inconvénients d'un partage forcé de l'attention et du temps des élèves entre les deux idiomes.

doute plus de profit des excercices de traduction, si leur effort ne portait que sur deux langues, l'une classique et l'autre moderne. Ils pourraient se rendre plus complètement maîtres du vocabulaire, mieux comprendre la syntaxe et pénétrer plus profondément le génie de l'idiome choisi.

L'histoire est la grande éducatrice, elle devrait être à la fois simplifiée et amplifiée : elle pourrait avec avantage embrasser le moyen âge, peut-être même s'étendre à l'antiquité romaine, grecque et orientale. Mais dans l'examen (comme dans l'enseignement, qu'il faudrait réformer paralèllement et dans le même sens), elle ne présenterait de continu que les cadres fournis par la chronologie et la géographie, ce qu'on peut appeler sa charpente osseuse; par endroits seulement, des récits et des tableaux détaillés recouvriraient cette charpente et donneraient l'impression de la chair et de la vie. La philosophie devrait être restreinte aux quatre ou cinq grandes questions dont les solutions reposent sur des faits de conscience très simples et d'une observation facile. Les mathématiques se réduiraient à l'arithmétique et aux prolégomènes de la géométrie et de l'algèbre. C'est un fait d'expérience que certains esprits très distingués sont fermés soit à la partie tout à fait abstraite, soit à la partie figurée des mathématiques, que d'autres le sont aux conceptions philosophiques ou, du moins, qu'ils ne s'ouvrent à ces hautes spéculations que longtemps après l'âge normal du baccalauréat. A ceux-là, il ne faudrait pas imposer prématurément un effort considérable sans autre résultat que de les énerver, de leur fausser le jugement et de les dégoûter à jamais d'une étude qui, reprise librement plus tard, pourrait leur devenir très bienfaisante. Les deux compositions écrites sur la philosophie et les mathématiques seraient donc supprimées et l'étude de ces deux sciences serait considérablement réduite. Les connaissances qui ont été énumérées : langue maternelle, latin, une autre langue, l'histoire et la géographie, les mathématiques, la philosophie étant la base de toute éducation libérale, il n'y aurait rien d'excessif à n'admettre que ceux qui auraient obtenu une note suffisante sur chacune. J'expliquerai tout à l'heure pourquoi cette note serait plus difficile à obtenir et, par conséquent, plus probante, dans le nouveau système, qu'aujourd'hui.

La seconde partie du baccalauréat se passerait nécessairement devant un jury d'État ; elle comprendrait : 1° les matières de la partie obligatoire, reprises et poussées plus loin et plus avant, dans des cours approfondis ; 2° les autres matières comprises dans le cycle de l'enseignement secondaire et que le candidat ajouterait à son examen comme matières à option.

Il y aurait autant d'épreuves individuelles qu'il y a de matières sur lesquelles le candidat demande à être interrogé. Chacune de ces épreuves comporterait une notation séparée. Elles pourraient être échelonnées sur un espace de plusieurs années. Elles pourraient aussi se fondre avec l'examen obligatoire pour ceux qui passent cet examen devant un jury d'État.

On observerait ici la même règle que dans l'examen obligatoire. Aucun candidat ne serait admis s'il n'a pas obtenu une note au moins suffisante pour chacune des matières; jamais une note où se trahit la nullité du candidat, en latin ou en mathématiques par exemple, ne pourrait être masquée ou atténuée par une bonne note sur d'autres sujets d'examen. Les mots « très bien », « bien », « assez bien » seraient transcrits sur les diplômes en regard de chaque matière et feraient connaître au public l'opinion du jury.

Le premier examen serait le même pour tout le monde et obligatoire pour tous les candidats. Toutes les différences s'échafauderaient autour de ce premier centre au moyen des épreuves facultatives. Il n'y aurait donc plus de baccalauréat classique ou de baccalauréat moderne. Ces examens seraient supprimés, mais ils ne disparaîtraient que pour renaître sous une autre forme. On obtiendrait en substance le baccalauréat classique par l'addition du grec, le baccalauréat moderne par l'addition de l'anglais ou de l'allemand.

Le baccalauréat mathématique admettrait une seconde interrogation sur cette matière sérieusement étudiée dans un cours spécial.

Je n'en dis pas davantage sur tous ces points,

j'aurai l'occasion de les rencontrer de nouveau et d'y insister à mesure qu'ils seront remis en perspective par les analyses critiques que je vais maintenant aborder.

II

Le baccalauréat et son action sur le classement social.

Je rencontre tout d'abord un fait capital, trop souvent laissé dans l'ombre par les adversaires les plus déterminés du baccalauréat. Cet examen n'est pas seulement une sanction des études secondaires; c'est une institution sociale et politique de grande conséquence, et les effets qu'il produit à ce titre dépassent de beaucoup en étendue et en gravité ses effets pédagogiques. Nous avons fait, il y a un siècle, une révolution pour abolir les castes et leurs privilèges; or, nous ne prenons pas garde que le baccalauréat rétablit l'équivalent de ce que nous avons supprimé; il divise la nation en deux classes : l'une qui a des parchemins, l'autre qui n'en a pas, l'une qui a seule entrée dans les carrières libérales, l'autre qui est rejetée et confinée dans les anciennes professions roturières : commerce et industrie.

C'est vers dix-huit ans que la division se fait. Le départ est net et tranché : on appartient ou l'on n'appartient pas à la classe privilégiée, et c'est le baccalauréat qui en décide. Le départ est définitif et pour la vie : on ne recommence pas après cet âge toute une éducation. Le jeune homme qui s'est engagé dans une autre voie, qui a passé par une école de commerce par exemple, ou par une école d'agriculture, aura bien rarement le courage de revenir à son point de départ et de consumer, dans des études élémentaires, un temps qu'il pourrait plus utilement, plus virilement employer; il est donc exclu sans retour, aucune équivalence de mérite et de titre n'est admise. Une telle organisation est en contradiction manifeste avec deux principes très solidement établis; l'un économique et social, l'autre juridique et politique. Le premier de ces principes, c'est que les capacités de tout ordre doivent être laissées aussi libres que possible de se déplacer et de se porter là où elles se croient appelées, où elles prévoient qu'elles rendront le plus de services. Il ne faut pas moins que des raisons très graves et très péremptoires pour entraver cette circulation large et aisée de toutes les aptitudes. Le principe juridique et politique est celui de l'égale admissibilité de tous les citoyens aux places sans autres distinctions que celles des vertus et des talents. Aucune dérogation qui ne serait pas amplement et solidement justifiée ne doit être apportée à cette règle de droit, j'allais dire d'ordre public. Pour fonder en raison et en justice le privilège des uns et l'exclusion des autres, il ne faudrait pas moins qu'un critérium d'une rare justesse, donnant la mesure de tout ce qui fait la valeur d'un homme; j'entends des aptitudes physiques et morales aussi bien que des aptitudes intellectuelles. Le baccalauréat ne pourrait être accepté comme moyen de démarcation sociale, de qualification ou de disqualification pour les hautes carrières libérales que si les bacheliers étaient, de l'aveu de tout le monde, seuls aptes à ces fonctions supérieures, s'ils l'étaient tous ou presque tous. De l'aveu de tout le monde il n'en est rien.

Nous montrerons dans un instant que, même au seul point de vue du savoir et de la culture, le baccalauréat est un moyen d'appréciation très imparfait, mais, fût-il parfait, qu'il serait encore un principe très insuffisant de démarcation sociale, parce qu'il n'atteint pas tout l'homme, ni même le meilleur de l'homme. Je ne sais en vérité si le fait d'appartenir à une certaine famille ne constituerait pas un critérium moins faillible, un moyen de classement plus sûr que le baccalauréat; la transmission héréditaire des qualités du corps et de l'esprit, l'éducation et les exemples du foyer, la noble servitude d'un nom illustre garantissaient une moyenne d'aptitudes physiques, morales, intellectuelles plus qu'équivalentes à la moyenne de savoir et de talent que peut constater le meilleur juge dans un examen de quelques heures.

On a créé sans s'en douter une caste privilégiée et, ce qui est plus grave, on n'a pas de garantie que ce privilège de la nouvelle noblesse soit mieux justifié que celui de l'ancienne, et que la société, le pays, l'État aient vraiment gagné au change.

Le baccalauréat ainsi conçu est une véritable plaie sociale : il augmente considérablement le nombre des déclassés, et il est cause qu'on multiplie les emplois, sans absorber ni satisfaire la masse grossissante des postulants. J'ai dit que les facultés de médecine et de droit, les corporations, notaires, avocats, avoués, etc., et les grandes administrations publiques étaient les principaux débouchés ouverts aux bacheliers. Si l'on consultait les autorités préposées à ces institutions, sur la valeur du baccalauréat et sur les raisons de le maintenir ou de le supprimer, elles accorderaient sans hésitation que ce grade n'est pas une garantie sérieuse d'intelligence, de savoir ou de culture. On n'est pas certain, ajouteraient-elles, qu'il n'élimine pas de bons éléments; on l'est qu'il en laisse passer de très médiocres; il ne nous en rend pas moins l'immense service de disqualifier un grand nombre de jeunes gens, capables ou non, peu importe, et de diviser ainsi l'immense multitude qui, autrement, nous circonviendrait, nous assiégerait, nous submergerait de son flot montant.

Le baccalauréat a-t-il en effet la vertu de diminuer l'encombrement dont la perspective épouvante les autorités qui disposent des places? Je n'en crois rien et même je crois tout le contraire. On a vu que le baccalauréat a pour effet une division tranchée de la nation en deux classes, analogues au *populus* et à la *plebs* de la république romaine. De là, cette conséquence digne de toute l'attention de l'homme d'État : on brigue le baccalauréat, non pas tant pour devenir éligible à une carrière qu'on a en vue que pour entrer dans la classe supérieure. Une fois entré, il ne viendra à aucun candidat l'idée de s'engager dans une profession non comprise parmi celles où il a accès par son grade; il s'en voudrait d'avoir pris tant de peine pour un titre dont il ne profite pas, il croirait déchoir s'il n'usait pas de son privilège, s'il revenait pour ainsi dire sur ses pas, jusqu'à l'une des carrières ouvertes aux non-bacheliers. Au fond, le baccalauréat tend à obscurcir dans les esprits cette vérité de simple bon sens qu'il n'y a de sot métier que celui dont on s'acquitte sottement, de profession inférieure que celle où l'on est au-dessous de sa tâche. Il accuse entre les carrières une division et une hiérarchie, en grande partie artificielles, qui, dans la plupart des cas, s'effaceraient s'il n'existait pas ou s'il était autrement organisé.

On voit comment le baccalauréat aboutit à augmenter la masse des candidats aux emplois publics. Si, pour chaque emploi, le nombre des postulants se multiplie, c'est qu'auparavant le nombre des gens pourvus d'une qualification générale acquise par mode ou par amour-propre s'est multiplié. L'affluence des candidats serait sans doute moins grande si leurs rangs n'étaient pas grossis d'une foule de jeunes gens qui n'ont pris le baccalauréat que pour s'élever socialement et qui se trouvent ensuite dans une sorte d'obligation envers eux-mêmes de choisir une des carrières dont ce grade par privilège ouvre l'entrée. Personne plus qu'un récent anobli n'a le souci de ne pas déroger[1].

En résumé, le baccalauréat, conçu comme un moyen de classement social, aboutit d'abord à accentuer entre les carrières un ordre de dignité en grande partie arbitraire et contestable, puis à augmenter le nombre des aspirants aux carrières libérales, enfin à empêcher que ce nombre diminue et que les rangs s'éclaircissent : j'avais donc raison de dire qu'il multiplie le nombre des déclassés.

La description du mal, en ce qu'il a de plus grave

1. J'ai rencontré de nombreux exemples de cette illusion. Qui ne se rappelle la figure et l'accent du paysan enrichi, de la petite bourgeoise admirant dans leur fils bachelier un être transformé et d'une espèce supérieure, alors que toute la métamorphose a consisté à le rendre impropre à ce qu'il eût été capable de faire? Rien ne fait plus froid au cœur que de tels spectacles. Cette erreur d'optique s'étend à toute la vie. J'ai eu récemment la visite d'un homme de plus de quarante ans, père de famille, naguère encore à la tête d'une grande entreprise commerciale où il s'était enrichi. Il s'en était retiré pour des raisons où il est inutile d'entrer ici. Il venait me demander si, à mon avis, il était trop tard pour qu'il refît ses études de droit et entrât au barreau ou dans quelque autre profession de dignité équivalente. La seule chose qu'il eût à cœur était de s'élever socialement, non pas pour lui, mais surtout pour ses enfants, à qui il désirait laisser un *patrimoine moral* (*sic*), en sus du patrimoine matériel considérable dont ils jouiraient après lui.

et de plus caractérisé, indique clairement où il faut chercher le remède. Si le baccalauréat aboutit à une scission de la nation en deux classes, c'est qu'il est, dans toute la force du terme, un grade, c'est-à-dire un degré unique; on franchit ou on ne franchit pas ce degré; il dépend de là qu'on soit qualifié ou disqualifié ; c'est tout l'un ou tout l'autre. Chacun appartient à la moitié en deçà ou à la moitié au delà de l'unique gradin; il est réputé l'égal ou le pareil de tous ceux de l'autre. Voilà bien la caste; on y entre par l'effort et la chance d'un jour et même d'une heure, par une sorte d'accident comparable à l'accident de la naissance ; à partir de là, tout est dit, tout est réglé : être bachelier ou ne l'être pas, la classification par l'examen ne comporte pas d'autre différence ni d'autre alternative. — La réforme proposée prévient, par une voie très simple et très directe, une conséquence si contraire au principe d'égalité, et, ce qui est pire, si contraire à la vérité, à la raison et à l'intérêt public. Il y a bien toujours une ligne de séparation, mais cette ligne se trouve abaissée au niveau d'un examen très réduit en surface, d'une sorte d'examen au minimum, analogue à ce que les Anglais appellent *pass-examination*, ainsi nommé parce qu'il ne contient que juste ce qu'il faut pour passer. Les épreuves y sont au fond plus sérieuses, et plus significatives que dans le baccalauréat actuel à large programme, qui, à force de vouloir trop prouver, ne prouve rien avec précision et sûreté.

Mais il est limité à un ensemble de notions trop restreint pour avoir le crédit et donner l'illusion d'une ample culture libérale, justifiant la formation d'une classe distincte; d'ailleurs, l'humilité même de l'examen est cause que l'immense majorité des candidats ne se contente pas de ce type inférieur, sachant bien que les autorités qui disposent des places ne s'en contenteront pas non plus et qu'elles seront amenées à faire aux postulants un avantage, ou même une condition d'admissibilité, de la possession attestée de certaines connaissances, en rapport avec les nécessités de la carrière; quiconque ne présentera pas un excédent de ce genre sera presque infailliblement écarté ou primé partout. Usant de la faculté que leur ménage le nouveau système, les candidats feront donc ajouter à la liste de leurs épreuves et, s'ils passent à leur honneur, inscrire sur leur diplôme, telle ou telle matière supplémentaire. Par là le caractère le plus essentiel et le plus apparent du grade est d'être individuel, ce qui rejette bien loin l'idée et la sensation d'une classe sociale.

Le baccalauréat se présenterait alors, non plus comme un unique degré qui s'étend horizontalement, le seul et le même à franchir pour tout le monde, mais comme plusieurs escaliers juxtaposés dont les emmarchements ne se correspondent pas, disons mieux, comme une rampe continue où chacun creuse et aplanit pour lui-même une sorte de palier qu'il occupe seul, juste à l'endroit et au niveau que déterminent sa vocation et sa valeur intellectuelle. Si l'on essayait de représenter graphiquement les résultats du système on obtiendrait, au lieu de la ligne unique et sans épaisseur du baccalauréat actuel, une bande, où s'espaceraient un grand nombre de points disséminés dans la largeur à des hauteurs variées; ces points représenteraient les différents bacheliers. L'organisation ne laisse donc rien subsister qui ressemble à une séparation tranchée entre deux classes, elle repose sur des notations individuelles aussi exactes, aussi particularisées que possible; c'est cette particularité qui frappe les yeux. Elle produit une impression de variété et de multiplicité qui écarte, efface ou brouille, l'idée d'une démarcation sociale.

III

Le baccalauréat et le programme d'examen.

Une première conception fausse en entraîne une suite d'autres et toutes forment ensemble un cercle d'où l'on ne parvient plus à sortir. Le fait que le grade de bachelier procure un avancement marqué dans la hiérarchie sociale, éveille l'ambition d'une multitude de gens qui autrement ne s'en soucieraient pas. Naturellement, plus le nombre de ces candidats augmente, plus décroît la moyenne des capacités sur laquelle les examinateurs règlent involontairement la moyenne de leurs exigences. Le niveau de l'examen tend donc à s'abaisser, et il y a danger que les médiocrités ne le passent en foule. Pour arrêter ce flot montant, on n'a pas conçu de meilleur parti que de rendre l'examen plus difficile, et, pour le rendre plus difficile, on n'a pas trouvé de moyen plus sûr que de le rendre plus étendu et plus varié. Le baccalauréat a été maintes fois et largement modifié depuis qu'il existe ; on l'a dédoublé, on l'a divisé en séries. A travers toutes ces transformations, son programme n'a changé que pour s'enrichir, jamais du moins la liste des matières n'a été raccourcie. Actuellement, le baccalauréat classique comprend treize épreuves portant sur dix ou douze matières, dont quatre langues et trois littératures, l'histoire, la géographie, la philosophie et l'histoire de la philosophie, les mathématiques, la physique, la chimie et l'histoire naturelle. Le programme du baccalauréat moderne est encore plus chargé. On a procédé comme si la dignité et la force probante d'un examen se mesuraient au nombre et à la diversité des sujets d'interrogation.

Tous ces expédients ont été vains : le niveau de l'examen ne s'est pas relevé, au contraire, et, en vérité, cela était facile à prévoir. Il y a un point sur lequel on ne s'est pas trompé : on a eu ce qu'on voulait, un examen qui répond en apparence à une large culture et qui a l'air difficile; il le serait en effet si les épreuves étaient sérieuses. Posséder réellement cet ensemble de connaissances et les avoir toutes présentes à un moment donné supposerait une acuité, une mobilité d'intelligence, une puissance d'attention et de travail qui excèdent infiniment ce dont est capable même une bonne tête de dix-huit ans. Il y a là plus qu'il ne faut pour embarrasser les jeunes gens les mieux doués et rendre leur succès incertain, si peu qu'on les pousse sur ces différents sujets. On ne veut pas s'exposer au danger de les voir échouer; ce serait compromettre le recrutement des hautes carrières libérales, on se résigne donc à tenir l'examen très bas, ils sont assurés ainsi de le passer, mais beaucoup de jeunes gens que, pour l'honneur du grade, on devrait éliminer, le passent avec eux. La nullité, l'ignorance ou l'extrême paresse restent seules en deçà. Le corps des bacheliers continue de ressembler à une caste, mais à une caste avilie par la faiblesse d'un roi qui a la main trop facile aux anoblissements.

Un écrivain de grande autorité s'est fait récemment l'apologiste du baccalauréat sur ce point. Il a soutenu que le mal n'était pas dans les choses mais dans les hommes, et qu'il dépendait de ceux-ci de le guérir; les examinateurs, a-t-il dit en substance, sont les vrais coupables. Ils ne prennent pas au sérieux leur besogne, c'est au législateur et à l'opinion de les mettre en demeure; ils n'ont qu'à vouloir pour relever le niveau de l'examen. Je ne le crois pas, l'indulgence des examinateurs résulte d'une force des choses plus puissante que tous les règlements, et qui a pour complice l'opinion elle-même. Le baccalauréat est devenu la carte générale d'admission dans tous les emplois que j'appellerai « emplois à redingote ». Le candidat éliminé voit se fermer devant lui non pas seulement les carrières de haute volée, mais des professions et des fonctions relativement très humbles, pour lesquelles un certificat d'études primaires serait une qualification amplement suffisante; les autorités qui disposent de ces emplois cherchent dans le baccalauréat, non une garantie de capacité, mais un moyen d'élimination préalable. Dans ces conditions, refuser au candidat le diplôme, c'est le frapper douloureusement dans son modeste désir de s'élever socialement, dans l'excusable ambition que ses parents ont pour lui[1].

1. Des relevés insérés dans le remarquable exposé des motifs de M. Combes, il résulte que l'immense majorité des candidats reçus passe tout juste, et que, de ceux-ci, un grand nombre, — on n'en saurait douter, — sont admis par chance ou par grâce. A ne considérer que le baccalauréat classique, les épreuves de la première partie n'épargnent que 38 pour 100 des inscrits, et sur ces 38 pour 100, 50 pour 100 succombent encore aux épreuves de la seconde partie. Cela réduit à 19 pour 100 le nombre des candidats qui, finalement, passent. Ces hécatombes sont-elles dues à une judicieuse sévérité et indiquent-elles une moyenne élevée de talent et de savoir? Hélas! non. En effet, 32 pour 100 sur les 38 pour 100 de la première partie, et 12 pour 100 sur les 19 pour 100 de la seconde partie n'obtiennent même pas la note « assez bien » et ne dépas-

Jamais on n'obtiendra d'un examinateur, jamais cet examinateur n'obtiendra de lui-même d'être très exigeant à l'égard d'un jeune homme qui, selon toute apparence, l'est si peu envers la fortune et la destinée ; il se fera scrupule de briser un innocent rêve d'avenir pour quelque mauvaise réponse dans un examen qui comporte après tout une grande part de chance.

Les examinateurs sont d'ailleurs rendus plus défiants d'eux-mêmes par l'espèce d'étourdissement que produit, surtout à Paris, le grand nombre, et des examens, et des épreuves dans chaque examen. Après qu'ils ont vu passer devant eux des centaines de nullités, ils perdent la notion ou plutôt le sens de la limite au-dessous de laquelle on ne doit point descendre ; ils ne savent plus comment s'y prendre pour juger, ni s'ils jugent bien ou mal ; ils sont comme des rasoirs qu'on aurait employés à tailler beaucoup de plumes d'oie ; ils ont perdu le fil. Rien d'étonnant que, dans cet état de doute et d'obscurité, ils ne se croient pas autorisés et ne se décident pas à

sent pas la mention « passable », on devine à quel degré de médiocrité correspond ce dernier terme. Je me demande à quoi peut servir et ce que peut signifier un examen qui donne de tels résultats. Je ne lui sais gré que d'une chose, c'est d'avoir mis en lumière et precisé par des chiffres un fait dont, à vrai dire, on n'a pas tenu grand compte jusqu'à ce jour. Ce fait, c'est que notre système d'instruction secondaire, le baccalauréat aidant, tend à multiplier, dans une mesure énorme, le nombre des dévoyés et des déclassés.

écrire une note éliminatoire sur la feuille d'examen. Le mal est donc apparemment sans remède tant que le baccalauréat n'aura pas subi une modification profonde, qui en change, non seulement la forme, mais la nature et l'esprit.

Il règne en France, en ce qui concerne les examens, un préjugé singulier; on tient que le meilleur moyen de remédier à ce qu'il y a d'aléatoire dans les épreuves et d'aboutir à une bonne sélection, c'est de les multiplier et de les varier de façon que le candidat qui s'est montré insuffisant sur l'une d'elles ait chance de couvrir son déficit par de meilleures réponses sur d'autres points. C'est méconnaître deux vérités très simples : la première est qu'un esprit ne montre jamais mieux sa valeur que dans les matières qu'il a étudiées avec grand soin et de tout son effort. On voit là ce qu'il peut faire quand il fait de son mieux, et jusqu'où il pénètre dans un sujet quand il s'y pousse à fond. Lorsqu'on le juge seulement d'après ses réponses sur des matières nombreuses et qu'il n'a pu aborder que superficiellement, — car celles qu'il essayerait de creuser feraient tort aux autres, — on n'arrive pas à le bien apprécier, on ne connaît bien de lui que sa mémoire, sa présence d'esprit, ses qualités les plus extérieures et les plus spécieuses. On passe donc à côté du critérium précis et probant quand on force le candidat à émietter son effort sur dix matières.

Au fond, — et même avec le système actuel qui admet la compensation d'une épreuve médiocre par une épreuve réussie, — il ne faut pas tant de sujets d'épreuves au candidat intelligent et laborieux pour compenser les mauvaises chances par les bonnes et, comme l'on dit, pour se rattraper. Qu'il en ait cinq ou six, et, s'il en a davantage, que le surplus soit à son choix; il fera ce qu'il faut pour s'en tirer à son honneur; le système actuel a l'air d'avoir été conçu en faveur des médiocrités; en tout cas, il fonctionne à leur bénéfice. C'est à elles qu'il est utile que les matières soient très nombreuses, parce que, n'ayant rien à attendre que du hasard, elles gagnent des chances à chaque coup de dé qu'on leur donne en plus. Je dis : coup de dé, car chaque interrogation dure et pèse d'autant moins qu'il y en a davantage, chaque question de plus est pour le candidat un encouragement à compter sur la probabilité d'une réponse heureuse ou évasive rencontrée par hasard et qui le sauvera d'un échec.

A toutes les critiques qu'on vient de lire, le système que nous nous proposons échappe, ce semble, dans une large mesure. Il comporte deux modifications essentielles : 1° réduire la partie obligatoire de l'examen à un nombre minimum de matières fondamentales; 2° à côté de la partie obligatoire à ménager une place qui ne restera jamais vide, soit pour les mêmes matières approfondies, soit pour des matières facultatives, choisies par l'intéressé dans de certaines limites et agréées par le jury.

Les matières fondamentales pourraient obtenir de l'élève une attention moins partagée, un effort moins souvent interrompu et plus fécond. Il les posséderait mieux et l'on prendrait l'habitude d'exiger de lui plus que des notions superficielles, la notation de l'examinateur serait moins fractionnée, moins dispersée, irait plus à fond; de là, une certitude plus grande dans les appréciations; malgré tout, le candidat qui se contenterait de cette *pass-examination* se décernerait à lui-même un brevet d'infériorité, à moins qu'il n'y obtînt la mention *bien* ou *très bien*; il devrait donc faire en sorte, ou de posséder à fond les matières obligatoires, ou d'enrichir son examen de matières facultatives. Celles-ci donneraient des gages particulièrement significatifs de la valeur *personnelle* des candidats bien doués; cette valeur, en effet, ne peut mieux se montrer dans sa plénitude et à son maximum que dans les branches d'études que le jeune homme a choisies selon ses prédilections, et où l'on peut supposer qu'il a dépensé tout ce qu'il possède de curiosité intelligente, d'ardeur à chercher, de puissance d'attention pour comprendre et pour retenir. Éventuellement, l'examen de certains candidats pourrait être aussi étendu que l'examen général d'à présent, mais on voit combien les deux examens différeraient par le fond, les conditions, l'esprit et, finalement, par la force probante [1].

1. Deux autres conséquences sont encore à noter. Premièrement, dans le système proposé, les personnes qui ne s'y sont

En résumé, un candidat ayant satisfait le jury sur la langue et la littérature française, deux langues et deux littératures, classiques ou modernes, l'histoire et la géographie, la philosophie et les mathématiques par exemple, ne pourrait point passer ni se donner pour avoir une culture libérale complète; mais il serait réputé à juste titre, posséder une culture solide et d'une valeur sérieuse. A ceux qui regretteraient la culture plus générale et plus ample, en apparence, attestée par le baccalauréat actuel, je ferai simplement observer : qu'ils n'ont aucune garantie que le candidat possède réellement plus de branches de connaissances que dans le nouveau système. Aujourd'hui, en effet, un candidat au baccalauréat classique (1re série) qui, sans dépasser une moyenne de 15, aurait satisfait le jury, sur le français, le latin, l'anglais, la philosophie et l'histoire (cinq matières seulement), mais qui aurait été

pas prises à temps pour se préparer avant dix-huit ans ne sont pas pour cela exclues du bénéfice de l'examen ; on peut, à tout âge, entreprendre de se rendre maître du français, d'une ou deux autres langues, de l'histoire et, en outre, de notions de philosophie, de mathématiques. Ainsi disparaît la disqualification définitive qui frappe aux environs de la majorité un très grand nombre d'hommes, lesquels peuvent être d'ailleurs très aptes à certaines fonctions supérieures. D'autre part, si l'on suppose que la liste des matières additionnelles reste ouverte plusieurs années après la *pass-examination*, le candidat se trouvera délivré de cette préoccupation anxieuse qui le fait courir d'une matière à l'autre, afin qu'aucune ne reste en arrière le jour de l'examen, et qui le condamne tout à la fois à un travail superficiel et à un fâcheux bourrage.

absolument nul sur tout le reste, obtiendrait le diplôme de bachelier. Un candidat au baccalauréat moderne (2e série) peut n'avoir obtenu que la note 10, c'est-à-dire n'avoir passé que tout juste sur le français (écrit et oral), sur la philosophie (écrit et oral), avoir été absolument nul sur les mathématiques, la physique et l'histoire naturelle et recevoir le diplôme s'il a réuni une moyenne de 15 pour les autres matières. Malgré ses apparences encyclopédiques, le baccalauréat actuel n'a donc pas la valeur et la signification d'un examen de culture générale. A la rigueur, le candidat pourrait éliminer autant de matières que notre système en supprime dans l'examen. En fait, il n'en élimine aucune, se partage entre toutes et, sur un très grand nombre, ne possède, en fin de compte, que des à peu près.

IV

Le baccalauréat et la forme du diplôme.

La forme du diplôme ajoute une cause d'incertitude à celles qui ont déjà été signalées. Le parchemin délivré par le ministre ne porte aucune mention, si ce n'est que le candidat a satisfait aux épreuves de l'examen ; tout autre renseignement est omis. Les 6 000 bacheliers qui sortent chaque année de nos facultés des lettres sont tous porteurs du même titre, et ils peuvent se dire et se croire égaux entre eux. Cette égalité nominale est ce qu'il y a de plus contraire à la réalité et à la vérité; on ne peut assez s'étonner que l'État s'en fasse caution et se résigne à porter un vain ou un faux témoignage. Avec son libellé actuel, le diplôme témoigne seulement qu'une moyenne a été atteinte; il n'indique ni de quels éléments cette moyenne se compose, ni de combien elle a été dépassée. Pour ne prendre qu'un exemple: un candidat à la première partie du baccalauréat classique peut, à la condition d'obtenir une note ne dépassant même pas quinze pour les autres matières, avoir été absolument nul sur le grec, l'histoire et la géographie, les mathématiques et la physique, ou ne presque rien savoir d'une langue vivante. Le diplôme laisse le public dans une entière incertitude sur tous ces points si intéressants à connaître; je me trompe, par cela seul qu'aucune note, aucune matière ne sont inscrites au diplôme, le public est comme invité à se référer au programme de l'examen, et on l'expose à croire que toutes les branches de connaissances portées à ce programme, les bacheliers les ont étudiées convenablement et les possèdent. Rien ne serait plus facile que de lui dire la vérité; elle est consignée dans les feuilles d'examen; on la lui cache avec soin, et c'est de propos délibéré qu'on lui refuse les informations précises et significatives dont la communication lui serait si utile. Les différences d'un bachelier à l'autre, pour l'étendue et la nature de l'acquis, peuvent être énormes ; non moins énorme est, bien souvent, l'écart qui résulte de l'habitude d'indulgence ou de sévérité des différents jurys, à Paris ou en province ; tout cela disparaît sous la banalité décevante et dérisoire d'un parchemin uniforme. L'État, ici, s'est résigné, et on l'encourage, à être à la fois dupe et trompeur.

Les considérations qui précèdent nous mettent en présence d'une alternative parfaitement nette : ou bien l'État doit s'abstenir et laisser à chacun la charge de vérifier les capacités, ou bien il doit faire en sorte que le titre qu'il délivre soit d'une signification strictement exacte et minutieusement précise. Le meilleur moyen pour lui de dégager sa responsabilité, c'est, avant tout, d'attester des faits certains, c'est-à-dire d'indiquer explicitement les matières réellement sues par chaque bachelier. Cette condition se trouverait remplie s'il était de règle d'inscrire sur le diplôme les sujets sur lesquels le candidat a répondu d'une manière satisfaisante, et ces sujets-là seulement. Un examinateur qui se laisse aisément aller à relever la note d'un candidat pour le faire passer, se fera scrupule de lâcher ainsi la main, si son indulgence a pour conséquence de faire inscrire comme connue, sur le parchemin délivré au bachelier, une matière que celui-ci ignore. De là plus de sérieux dans l'examen et de véracité dans la notation, plus de valeur probante dans le diplôme, deux gains considérables et qui suffisent pour que la patente du baccalauréat à programme restreint que nous proposons ait plus de signification et mérite plus de crédit que la patente du baccalauréat actuel à large surface. — Les matières facultatives portées au diplôme ajouteraient une indication de plus ; elles fourniraient une caractérisation plus précise et plus individuelle des goûts intellectuels de chaque candidat. Quant aux mentions *bien* et *très bien*, elles auraient l'avantage de distinguer et de dégager, dans la multitude des bacheliers, une tête de ligne peu nombreuse, une véritable élite. La division effective en deux catégories, s'il y en avait une, se ferait là ; elle séparerait non les bacheliers des non-bacheliers, mais les bacheliers capables des bacheliers ordinaires ou médiocres. Ce qui serait mis à part de la masse, ce n'est pas tous ceux qui passent, mais seulement ceux qui passent bien. Pour les particuliers, les facultés, les corporations et les administrations appelées à prononcer sur l'admission des bacheliers à certains emplois, à certaines études, et à certains examens, le baccalauréat cesserait d'être une recommandation vague, banale, et à peu près insignifiante sur laquelle on ne saurait faire fond — il n'est guère autre chose à l'heure présente. — Il deviendrait un moyen d'information, une sorte d'*état descriptif* qu'on aurait rendu aussi net, aussi exact, aussi complet que possible ; il renseignerait les personnes ou les autorités intéressées sur la capacité générale, les connaissances réellement acquises, la direction des goûts et des vocations intellectuelles, et faciliterait ainsi une répartition et une adaptation plus judicieuses des candidats aux différentes carrières.

« Point du tout! » reprennent vivement les partisans du *statu quo* : « l'État ne doit point sortir de son rôle de collateur de grades, il ne doit pas descendre à celui de témoin et d'informateur. D'abord ce serait manquer à la discrétion due aux candidats; il ne faut pas qu'une mauvaise note infligée à l'enfant pèse sur toute la carrière de l'homme. » — Je n'exagère rien, je répète les propres termes de mes interlocuteurs. — Autre objection. Pourquoi l'État se croirait-il tenu de fournir au public des renseignements dont il n'a pas besoin et qu'il ne demande pas? Bachelier ou non-bachelier, cela est clair comme oui ou non, comme blanc et noir. Que nous faut-il de plus? En France on ne va pas du côté de la plus grande utilité, mais du côté de la moindre responsabilité et du moindre effort. Entendez-vous les gens se plaindre que le baccalauréat ne contienne pas assez de renseignements sur le candidat? Ils se plaindraient bien plus certainement si l'on chargeait le diplôme de témoignages qu'il faudrait interpréter; ce travail troublerait leur quiétude.

Écartons d'abord les grands mots[1] — ils em-

1. Dans une commission consultative, où j'avais l'honneur de siéger, M. Paul Bert, un peu à ma suggestion, insinua qu'on pourrait bien différencier les diplômes de bachelier suivant le

brouillent tout — et voyons ce qui reste. Il reste un préjugé très vain à surmonter, une difficulté très minime à vaincre, une habitude très facile à prendre. Le préjugé est que l'État doit garder sa dignité. Quelle déchéance! s'il s'abaissait au rôle de témoin, il serait le plus souvent un témoin à charge, car ce qu'il aurait à dire ne ferait pas honneur au candidat — et pourquoi cela? Pourquoi avoir si peur d'être vrai? Quelle raison y a-t-il de cacher les notes consciencieusement données, soigneusement enregistrées, qui servent de justification au diplôme? — Quant à la difficulté, elle consiste pour le public à se faire représenter le diplôme, à l'étudier et à l'interpréter. Y a-t-il rien là qui excède les bornes d'une capacité moyenne? Voir d'un coup d'œil qu'un candidat a bien répondu sur les mathématiques, a passé un bon examen d'allemand, c'est une habitude bien facile à prendre et

mérite des candidats. Un homme éminent, haut fonctionnaire, s'éleva avec véhémence contre cette proposition. Il parla de droit régalien, de devoirs de l'État, d'égalité, fit entrevoir le chaos où le système proposé plongerait la société, et dit encore beaucoup de choses que je ne compris pas bien. Ce que je compris toutefois, c'est qu'une réforme de ce genre avait contre elle un préjugé puissant et qu'il était tout à fait vain de l'aborder incidemment à propos d'une question très différente. Il arrive souvent que les grands mots gardent très fortement l'entrée des questions; qu'on parvienne à franchir cette première ligne de défense, on ne rencontre plus rien devant soi, il n'y a plus de résistance au bon sens. Il importe donc de bien choisir le moment de la première attaque. Nous jugeâmes qu'il valait mieux attendre. M. Paul Bert retira sa demande, je me tus et tout fut dit pour cette fois.

qu'on trouvera toute naturelle quand on l'aura prise. Ajoutez que cela peut se faire plus ou moins mécaniquement, au moyen des conditions réglementaires mises à l'entrée de chaque carrière. La faculté des lettres exigera pour l'admission à la licence ès lettres un diplôme où seront représentées les deux langues classiques. Les facultés de droit et de médecine pourront, tant qu'elles le jugeront à propos, requérir un diplôme où figurera le latin. Tout ira à souhait, le changement une fois opéré, et l'on sera tout étonné d'avoir tant hésité à l'accomplir.

V

Le baccalauréat et les grandes réalités de la vie.

Avant d'examiner l'action du baccalauréat sur les études, et, par les études, sur l'intelligence et le moral de chaque élève, il convient d'observer l'action à distance que la perspective de l'examen exerce sur la formation, non pas seulement de l'esprit, de ses aptitudes et de ses goûts, mais du caractère, j'entends par ce mot : la trempe de la volonté, les habitudes qui lui servent de point d'appui, les mobiles dont elle reçoit l'impulsion. Entre les deux, c'est assurément le caractère qui importe le plus ; car s'il est énergique et si ses fins sont élevées, il fournit à l'homme le ressort et la ténacité nécessaire pour compléter après coup une instruction insuffisante, et, au besoin il produit à lui seul de beaux types de vie utile et honorable. Pour faire la lumière sur cette question capitale, il faut se rendre compte de ce qui fait la valeur morale d'un homme. Cette valeur résulte et dépend de l'habitude longuement et lentement contractée de regarder la vie en face et à fond, de se la représenter jusqu'à son terme comme un ensemble de difficultés à vaincre, de devoirs à assumer et à remplir, et cette habitude ne peut se former que si, depuis l'âge où il a été capable de les comprendre, l'homme a eu la perspective directe, claire, et dégagée des plus nobles et des plus grandes réalités d'ici-bas, si l'éducation, loin de rien interposer entre elles et lui, s'est appliquée à les laisser librement et largement en vue. La défense du pays, son expansion coloniale, le développement d'une branche de la connaissance humaine, le libre exercice de l'intelligence créatrice dans la philosophie et dans l'art, de l'énergie active dans une profession, voilà des exemples de ces réalités. Le but le plus élevé de toute pédagogie est de tout disposer autour de l'enfant pour qu'il les voie presque sans le vouloir, d'une manière directe et de plus en plus distincte ; à cette condition seulement il lui deviendra naturel et comme spontané de s'incorporer à ces nobles ensembles, d'y confondre et d'y élargir sa chétive personne, de sentir en lui-même quelque chose de leur grandeur, et d'obéir à leur loi de conservation, de préférence à la sienne propre. Garder constamment devant les yeux de vastes horizons de vie, peuplés d'êtres collectifs plus grands que soi, apprendre à les admirer et à les aimer, s'accoutumer, s'il se peut, à ressentir comme un bonheur, à concevoir comme un souverain bien le sacrifice qu'on leur fait de ses satisfactions personnelles, voilà, en dernière analyse, la substance de toute moralité.

Ces conditions optiques, si je puis ainsi parler, de toute éducation morale, le baccalauréat les supprime. Entre l'enfant et le profond horizon qu'il est si important d'ouvrir devant lui, il dresse une barrière qui intercepte la vue, une porte basse et un guichet où il faut passer et payer avant de rencontrer les routes divergentes de l'activité virile. Au lieu de dégager complètement et l'émouvant inconnu de la vie dont la contemplation fait au jeune homme une âme vaillante, et ces lointains attirants qui excitent et élèvent son imagination, et ces grands êtres de raison, patrie, sciences, arts, dignité de l'homme, office du citoyen, honneur professionnel, — sublimes figures voilées seulement par une distance que diminue graduellement le cours des années, — on appelle, on abaisse, on fixe étroitement son attention sur un objet purement arbitraire et artificiel, qui ne répond à rien dans la vie, sur un obstacle de *steeple-chase* en quelque sorte, ou, comme je l'ai dit, sur un guichet payant, sur un tourniquet, et, par ordre, il passe son temps à rassembler et à préparer sa monnaie. On lui fait perdre ainsi toutes les chances qu'il a d'apercevoir les grands objets impersonnels, de s'y intéresser, de s'y attacher, de les faire entrer dans ses perspectives d'avenir. On ne lui laisse de commerce qu'avec un idéal bas et intéressé, qui n'entretient en lui que des pensées égoïstes et occupe constamment son esprit, soit d'un calcul de chance, soit de petites recettes ou pratiques de nature à amener le succès. Dans cet ordre d'idées, les examens ou les concours d'entrée des différentes carrières, si étroits et positifs qu'ils paraissent, ne sont pas, comme le baccalauréat, démoralisateurs; ils ouvrent du moins une échappée sur un certain type de vie utile, embrassant un ensemble de devoirs. Pour les jeunes gens qui se destinent à l'état militaire ou à la marine, par exemple, les pensées ou les rêves d'avenir sont assez riches en idéalisme pour satisfaire le moraliste le plus exigeant.

Dans le baccalauréat, l'idéal et la réalité manquent à la fois; tout est arbitraire, factice, banal, passager, sans aucun rapport avec l'idée positive et substantielle que les enfants peuvent se faire de la vie qui les attend. Ce qu'il met en perspective à la fin des études, c'est moins une fin qu'une barrière à franchir ou à tourner par force ou adresse; et cette fin, sans cesse rappelée par la prévoyance inquiète et terre à terre des parents, est rendue plus mesquine encore par leurs commentaires. Nombre de pères de famille ne disent pas à leurs fils : « Deviens un homme », mais : « Sois un bachelier », et il suffit que cette seconde formule entre et s'établisse dans l'esprit, pour en chasser ce je ne sais quoi de hardi, de téméraire, de généreux, de désintéressé, qu'il est si naturel à l'enfant de ressentir, et si bienfaisant pour l'homme fait d'avoir ressenti pendant la longue période de la formation morale, avant de subir le contact des intérêts positifs et des souillures de la vie. On ne peut suppléer par rien à une influence si nécessaire, si pénétrante, si hautement éducatrice ; on ne peut réparer par rien la faute d'en avoir privé notre jeunesse. Il est vain de dire que la majorité des jeunes gens ne regarde pas si loin ; il faut, du moins, leur en laisser la chance, ne dussent-ils qu'entrevoir, pressentir, deviner les grandes réalités dont chaque année les rapproche. Cela seul serait d'un prix inestimable et compenserait surabondamment le sacrifice d'un stimulant artificiel et corrupteur.

L'action directe du baccalauréat sur l'avenir moral et intellectuel de l'enfant se manifeste avec on moins d'inconvénients sous une autre forme. S'il est une vérité incontestable, c'est que le bénéfice de l'instruction secondaire ne se mesure pas à l'acquis dont d'adolescent peut justifier quand il sort du collège, mais à toute la suite des acquisitions postérieures que cette instruction l'a mis en état et en goût de faire pendant le reste de sa vie. Le total constaté à dix-huit ans, après huit ou dix ans d'école, est nécessairement peu considérable, instable, bientôt caduc et d'un prix pour ainsi dire infime, comparé au total qui pourra être obtenu pendant trente ou quarante années correspondant à la période de pleine maturité. Ce qui importe, c'est tout ce long travail postérieur et ses résultats; ce qui doit compter dans la première éducation, c'est ce qui a pu préparer et disposer le jeune homme à considérer l'éducation de son esprit comme une œuvre simplement commencée et à poursuivre, comme une des fins constamment proposées à son activité virile. Or, tel qu'il est conçu et organisé, l'examen tend, plus ou moins, par un effet d'imagination auquel on ne prend pas assez garde, à désintéresser et à dessaisir la curiosité naturelle de l'esprit, à émousser les stimulants qui l'entretiennent et la renouvellent, et à diminuer, en fin de compte, la somme de culture générale de la majorité des individus.

Considérez le jeune homme au moment où, sorti du lycée, il vient de passer son baccalauréat classique. Muni de bribes de latin, de grec, d'anglais ou d'allemand, d'histoire, de mathématiques, de physique, de chimie, d'histoire naturelle, de philosophie, etc., riche de phrases toutes faites où il a pris l'habitude de résumer des faits qu'il est incapable de se représenter, des impressions et des émotions qu'il a dû exprimer longtemps avant de les ressentir, capable de discourir et d'argumenter, plus ou moins spécieusement, sur un grand nombre de sujets, que de raisons et quelle tentation de se considérer comme un homme dont les études générales sont achevées! On voit aisément d'où procède l'illusion; elle procède du nombre et de la diversité des matières exigées, de la correspondance du programme des épreuves avec le programme intégral des humanités, de la préoccupation visible qu'ont eue les auteurs de ces deux programmes d'y faire figurer, à titre obligatoire, tous les éléments réputés essentiels d'une éducation libérale. On a par là donné corps et consistance à cette idée trop répandue, que le baccalauréat témoigne d'une culture générale suffisante, que le jeune homme y doit prendre pour toujours congé, par exemple, des anciens, des auteurs français du XVIIe siècle, que son diplôme implique une dispense d'y revenir. On connaît ce mot d'un homme d'esprit: « On fait sa première communion pour en finir avec la religion; on se marie pour en finir avec l'amour; on passe son baccalauréat pour en finir avec les lettres. » Cette dernière critique ne s'est que trop souvent vérifiée; trop souvent, et, pour un très grand nombre de jeunes gens, les études du collège ont défiguré et appauvri, par un déplorable effet d'optique, la conception qu'ils se forment de l'activité intellectuelle, au cours de toute la vie.

Le baccalauréat réduit en surface, que l'on propose d'instituer, remet les choses dans leur perspective normale. C'est un examen facile, en ce sens que tout élève qui a travaillé honnêtement est certain de le passer. Il n'est donc plus le but des études ; il en est plutôt le résultat naturel et qui va de soi. Il ne masque pas les nobles réalités ni les grands devoirs virils de la vie humaine. L'humilité et le peu de volume de l'examen sont cause que le regard peut passer au-dessus de lui pour les atteindre. L'enfant les voit pour ainsi dire grandir devant lui, à mesure que le cours du temps et de ses études l'en rapprochent; rien ne l'empêche d'y chercher, d'y trouver un idéal qui, au mérite d'être réel, sérieux, durable, d'être celui ou l'un de ceux que le jeune homme pourra continuer à poursuivre dans la vie, joint l'avantage de le soustraire à la servitude d'un but artificiel, transitoire, mesquin et avilissant, à l'obsession du baccalauréat. Enfin, le petit nombre des matières, la possibilité réservée aux bacheliers d'y ajouter presque indéfiniment de nouveaux sujets d'épreuve, écartent toute idée que le baccalauréat soit le terme et le couronnement de l'éducation générale. Il apparaît comme un point de départ, comme la première étape sur une route qui se prolonge au delà de la période scolaire. Il ne subsiste donc rien, ce semble, des chances d'abaissement moral et d'arrêt de développement intellectuel qui résulte du système actuellement en vigueur.

VI

Le baccalauréat et les programmes des lycées.

Il nous reste, pour épuiser les questions d'ordre général, à considérer l'action du baccalauréat sur le programme de l'enseignement secondaire. Deux propositions très simples suffisent pour définir le mal et indiquer nettement le remède : le baccalauréat est actuellement dans une large mesure, le régulateur du programme de l'enseignement et de l'ordonnance des études ; c'est l'enseignement, ce sont les études, rendues indépendantes et redevenues maîtresses chez elles, je dirai plus, c'est la vocation et le travail volontaires de chaque élève, qui doivent être les régulateurs du programme d'examen.

La conception originelle de notre éducation secondaire remonte à une époque où la fortune des hommes se faisait par la cour et les salons ; leur chance de s'élever et de prendre rang se mesurait en grande partie à leur culture générale, restreinte à ce qu'on appelait alors les humanités. Cette culture avait le même champ, le même mince degré de profondeur que la conversation entre gens éclairés et bien élevés. Cette conception régnait encore sans partage pendant la première partie de ce siècle. La clientèle de nos lycées n'était guère fournie alors que par les familles anciennes ou enrichies de nos classes moyennes ; ces fils de bourgeois ne souhaitaient rien de plus que de connaître à peu près leurs classiques, et de posséder les notions courantes dont on a besoin dans le monde, si l'on veut être sûr de ne pas rester court et de ne pas être considéré comme un illettré. Le baccalauréat n'était alors qu'un brevet « d'honnête homme », dans un sens voisin de celui que ce mot avait au XVIIe siècle. De nos jours, tout a été transformé ; les plus hautes couches de nos classes inférieures ont forcé, pour leurs fils, la porte de nos lycées, avec eux y est entrée la préoccupation d'intérêts plus prochains et plus tangibles. La liste des matières a dû s'allonger pour faire place, soit à des sciences nouvelles qu'on ne pouvait pas tenir plus longtemps en dehors d'un programme de culture libérale, soit à un ensemble de notions pratiques dont l'introduction était réclamée par l'esprit positif de notre temps. L'idée qu'on a fini par se faire de l'éducation secondaire a cessé d'être homogène, elle embrasse, avec les humanités, un ensemble assez varié d'éléments scientifiques et même un commencement de préparation professionnelle. Ce programme a fini par s'enfler et se distendre à l'excès ; il a fallu, on l'a vu, le diviser, le répartir entre plusieurs types d'instruction, mais, dans chaque division, la conception dominante n'en est pas moins demeurée celle d'autrefois. Dans chacune on a donné, pour base à l'éducation, de larges études de langues, de belles-lettres et de philosophie : on a voulu que l'élève sortît du lycée avec des « clartés de tout » ce qui peut trouver place dans l'entretien des hommes cultivés. Ce qu'on a surajouté l'a été à ce premier fond déjà très ample. De là vient que le programme de l'instruction secondaire, sans avoir jamais rien perdu de ce qu'il a une fois contenu, tend incessamment à se grossir de nouveaux éléments, et des divisions nouvelles n'y sont pas plutôt faites qu'elles se remplissent et se distendent à leur tour. Il faut au législateur un grand effort de sagesse pour résister à l'opinion, lorsqu'il peut supposer qu'elle réclame un développement ou une addition ; il y a des chances pour que cet effort soit fait consciencieusement, mais le soit en vain. Le programme des lycées est comme le budget de l'État : il n'est susceptible que d'augmentations.

Ces conséquences se trouvent aggravées par suite du rôle actif que l'État s'est donné, ou qu'il a été invité à prendre, dans l'instruction secondaire. Toutes les fois que l'État assume la responsabilité d'un service, le public attend de lui quelque chose de très étudié, de général, presque d'absolu, de définitif, qui est censé le meilleur dans tous les cas et n'admet ni exception ni variante. Cette attente crée chez les dépositaires du pouvoir un désir anxieux d'y bien répondre, elle éveille en eux cette crainte de s'attirer des reproches ou des critiques, qui devient de plus en plus le mobile et le régulateur des actes de nos gouvernements; cette crainte, à son tour, dirige leurs soins et leur vigilance sur les défauts les plus apparents, lesquels souvent ne sont pas des défauts. On s'applique à corriger ceux qui peuvent être aperçus, sentis par le vulgaire; on prend un moindre souci des vices plus profonds et bien autrement graves qui lui échappent; deux préoccupations d'infime valeur passent ainsi au premier rang : ne rien omettre dans le plan d'études dont l'absence puisse être remarquée et critiquée spécieusement; — écarter dans l'application de ce plan tout ce qui peut nuire à l'ordre et à la régularité extérieure. Que quelqu'un s'avise de dire : « Quoi! vous n'enseignez pas l'hygiène, cette science aujourd'hui si importante et qu'il est si nécessaire à chacun de connaître? ce serait une honte qu'un jeune homme sortît du lycée sans en rien savoir. Et le droit public? Un jeune homme achèvera-t-il ses études sans avoir entendu parler de la constitution de son pays? ce serait un scandale! » Que les mots *honte* et *scandale* soient articulés avec quelque énergie, les objections lâcheront pied très vite, il n'y aura pas de résistance sérieuse; je ne dis rien là qui ne se soit vu. De même, supposez que le plan d'études varie d'un lycée à l'autre. Le gouvernement, dira-t-on, n'a donc pas pris la peine d'étudier la question? Son devoir est de chercher le meilleur plan, et, l'ayant trouvé, de l'imposer partout. A plus forte raison si le plan variait d'un élève à l'autre; c'est ce qui arriverait dans le cas où une partie des sujets d'études serait laissée à l'option de l'étudiant ; ce serait alors un concert de lamentations. Notre fils ne sait à quoi se décider, diraient les parents, nous ne savons que lui conseiller, c'est à l'autorité de nous le dire. Les fonctionnaires des lycées s'écrieraient de leur côté : « L'option ! mais c'est l'anarchie, nous ne répondons plus de l'ordre ni du décorum dans nos établissements » ; et le gouvernement de répliquer : « Soyez en paix, je vais m'occuper de tout régler, de rédiger deux ou trois programmes, fixes, complets, où rien ne manque de ce qui peut être désiré par qui que ce soit ; je les rendrai obligatoires pour tout le monde dans toutes leurs parties, ils seront les mêmes dans tous les lycées et pour tous les élèves ». Partout régnera l'ordre le plus agréable à l'œil et à l'esprit, un ordre fait d'égalité, d'uniformité, de ponctualité.

Le baccalauréat est le dernier chaînon sur lequel le cercle se ferme et qui scelle définitivement la servitude des études et du travail. Peu importe lequel, du programme d'enseignement ou du programme d'examen, s'est d'abord réglé ou calqué sur l'autre. Aujourd'hui, ils apparaissent indissolublement liés; ils s'enflent, se dédoublent, se divisent du même mouvement ; chacun est pour ainsi dire le gardien — j'allais dire le geôlier — de l'autre et ne souffre pas que son prisonnier se déplace seul de si peu que ce soit. Cette situation durera tant que le baccalauréat sera conçu comme une sanction générale, coextensive aux programmes des humanités, tant qu'il sera de règle que toutes les matières enseignées dans les classes supérieures soient représentées dans l'examen. Actuellement, on ne peut rien ajouter aux programmes des lycées, sans se demander si l'examen n'en sera pas grossi et distendu à l'excès; on n'y peut rien supprimer, sans se demander si l'examen ne perdra pas trop de son ampleur et, par conséquent, de son crédit. Pareillement, on ne peut rien retrancher du programme de l'examen sans le retrancher aussi du programme d'enseignement; car la matière enseignée, qu'on aurait ainsi privée d'une sanction dont jouissent toutes les autres, se trouverait, en quelque sorte, en état de disgrâce et risquerait d'être délaissée. Quelle raideur, quelle lourdeur résultent de là pour tout le système, il est aisé de s'en rendre compte. Dans cette sorte de vis-à-vis et de correspondance de l'examen et des études, l'examen avec ses terribles sanctions pénales, son privilège de qualifier ou de disqualifier pour toutes les hautes carrières, prend très vite une importance prépondérante, c'est à lui que le public regarde; les pères de famille entendent que l'instruction secondaire se plie et se consacre à y préparer leurs fils. Le voilà devenu le régulateur de l'éducation, ce qui veut dire qu'avant de régler le plan d'études sur les principes d'une saine pédagogie, on doit se préoccuper de satisfaire aux nécessités et aux convenances de l'examen.

Veut-on des exemples de cette contrainte exercée

par le baccalauréat sur les études? Qu'on se rappelle ce qui s'est passé lorsqu'on a organisé l'enseignement moderne : la préoccupation maîtresse des organisateurs, celle qui a dominé toute la discussion, c'est la nécessité et le désir d'aboutir à un examen de même valeur effective et de même volume apparent, de plus grand volume même que le baccalauréat classique, tel qu'on pût plausiblement réclamer pour lui les droits et avantages attachés à son devancier. Voilà comment il y a eu deux langues obligatoires répondant au grec et au latin de l'enseignement classique; tout le reste a été de même calqué sur le programme voisin, sauf quelques notions accessoires destinées à donner l'avantage de l'ampleur au nouveau diplôme dont on voulait assurer le succès. On a ainsi renoncé au programme simplifié, spécial et *sui generis* qu'on aurait certainement institué, si l'on avait pu secouer la préoccupation de l'examen.

Dans cette même réforme, un autre incident a rendu sensible la rigidité du système, du *couple* formé par les études et le baccalauréat, et la façon dont chaque élément immobilise l'autre. Pourquoi n'a-t-on organisé que les deux types extrêmes, l'un où les langues classiques figurent seules, à l'exclusion des langues vivantes, — car on ne peut pas prendre au sérieux l'enseignement d'une heure et demie par semaine de l'anglais ou de l'allemand, — l'autre, où les langues modernes figurent seules, à l'exclusion des langues classiques? Quelle raison y a-t-il de vouloir que ce soit tout l'un ou tout l'autre? N'entrevoit-on pas plus d'un type mixte, notamment celui où l'élève associerait l'étude du latin à l'étude de l'anglais ou de l'allemand ? Combinaison excellente, qui aurait mérité d'être adoptée de préférence aux deux autres, si l'on avait maintenu l'unité du plan d'études et qui, établie concurremment à titre de troisième type, aurait presque infailliblement obtenu, à l'usage, les préférences de la jeunesse. Croit-on que l'idée de cette combinaison et le juste sentiment de ce qu'elle vaut n'aient pas été présents aux hommes éminents qui l'ont finalement écartée? Mais, c'était déjà une grosse entreprise d'organiser dans tous nos lycées un nouveau et ample type d'instruction, de trouver la place et l'ordre de succession de nombreuses branches d'études, dans les classes qui se suivent et qui doivent mener l'élève jusqu'à l'examen, où toutes ces branches rencontreront une sanction. Organiser dans les mêmes conditions un troisième type, le poids eût été vraiment trop lourd à soulever. Que l'institution d'un baccalauréat anglo ou germano-latin et la création plus ou moins localisée d'un ordre d'études correspondant aient été, du premier coup d'œil, jugées impossibles, je ne sais rien qui montre mieux la pesanteur et l'obstruction naturelle dont souffre tout notre système d'instruction secondaire. Enfin, les pressions qui s'exercent sur l'État, dans un gouvernement d'opinions populaires, contribuaient à rendre très difficile une mesure qui, dans un système d'éducation non officiel, eût été, ce semble, aussitôt exécuté que conçu. L'État procède ici comme en politique, il a l'opinion inconsidérée et passionnée à satisfaire, il est donc induit à préférer les partis francs qui répondent à des thèses nettes et tranchées, les seules qui soient comprises par la masse des esprits irréfléchis et qui soient propres à les émouvoir. C'est dire qu'il aura une tendance à laisser de côté les solutions mixtes ou moyennes, et à préférer les solutions extrêmes, qui ont le mérite de se détacher par le contraste et de produire une impression nette dans des intelligences inhabiles à saisir la complexité des problèmes. L'enseignement et le baccalauréat moderne avaient cet avantage et cette chance de succès, dont on ne pouvait pas ne pas tenir compte; c'était comme des étendards aux couleurs voyantes, très propres à rallier des partisans et à les passionner.

Le nouveau système obvie à presque tous ces inconvénients. J'ai déjà dit en quoi consiste la réforme; l'examen et, avec lui, le programme d'enseignement sont divisés en deux parties La première, obligatoire, comprend un petit nombre de matières fondamentales; la seconde, facultative, embrasse les mêmes matières mieux étudiées et plus approfondies, et, en outre, toutes les matières spéciales. Le premier baccalauréat n'est nullement une sanction générale des études; c'est un examen au minimum; aucun jeune homme de quelque ambition ne peut s'en contenter; aucune administration, de qui dépendent des places, ne peut trouver, dans cette simple « pass examination », une garantie suffisante. Tous les élèves, ou peu s'en faut, passent donc le second examen, chacun le construit et l'échafaude de ses mains, avec telle ou telle matière approfondie, avec telle ou telle connaissance spéciale. Il y a autant d'examens que d'individus.

Les conséquences sont évidentes. Une connaissance n'est pas discréditée parce qu'elle est inscrite dans la seconde division. Elle se trouve là avec d'autres connaissances qui forment plus de la moitié du programme d'enseignement, elle y est en bonne et nombreuse compagnie. Les matières de cette seconde partie sont choisies par chaque candidat; elles doivent apparemment être cultivées avec prédilection. Les cours n'ont que de bons élèves. Un professeur ne peut donc pas se croire moins bien partagé que ses collègues parce qu'on lui a confié un cours facultatif au lieu d'une classe. La sanction éventuelle de l'examen agit pour lui auprès de ses élèves — à la vérité elle agit tout autrement que ne le faisait la sanction obligatoire; celle-ci poussait comme un troupeau et amenait devant le maître une multitude d'élèves indifférents ou rebelles; cinq ou six jeunes gens faisaient exception; — celle-là distrait de la masse et confie au professeur ces cinq ou six jeunes gens d'élite : double profit, et pour cette élite et pour le grand nombre. Que dans les collèges de province il y ait des cours annoncés qui ne se font pas ou se font pour une ou deux unités, faute d'élèves, je ne vois rien là qui doive nous arrêter. Il y a dans les collèges de province des classes de rhétorique ou de philosophie qui n'ont pas plus d'élèves que cela; s'il arrive que le cours soit délaissé dans un collège ou deux, on en sera quitte pour employer autrement le professeur. Du reste quoi de plus facile que de limiter par exemple l'enseignement du grec à dix ou douze collèges principaux; quoi de plus simple que de créer dans certains lycées un enseignement qui n'existe pas dans les autres et de répondre ainsi aux convenances du lieu et aux besoins de la jeunesse; une ample liberté de faire tout le nécessaire, de le faire là où les circonstances le requièrent et non ailleurs, nous est laissée par le plan de réforme. J'ajoute que ce ne serait pas être juste envers ce plan de l'introduire par bribes et morceaux au sein de l'organisation actuelle et de le faire repousser chaque fois par toutes les forces du système. Il faut surtout lui laisser le temps de transformer les mobiles et les raisons d'agir des professeurs et des élèves, de leur donner un tout autre cours, et il convient de faire état, pour l'avenir, de ces nouvelles forces morales.

L'ENSEIGNEMENT SECONDAIRE

ET

LE RÉGIME DE NOS LYCÉES

VII

La réforme et l'enseignement secondaire.

Les considérations qui précèdent m'ont amené sur le seuil d'une dernière et capitale question. De quelle manière et dans quel sens devront être réformés l'enseignement secondaire et le régime intérieur de nos lycées lorsqu'ils ne dépendront plus du baccalauréat? Le sujet est immense et dépasse de beaucoup les limites assignées à une simple brochure. Je crois, cependant, que quelques brèves observations suffiront pour en dégager la partie essentielle; par ce mot j'entends les deux ou trois solutions générales dont l'indépendance et la haute signification devront constamment dominer toute étude de détail.

Quel est en dernière analyse le meilleur fruit, quelle doit être la plus haute ambition et la plus haute prétention de l'enseignement secondaire? Ce n'est pas de remplir, de meubler, d'orner la mémoire d'un très grand nombre de notions variées, la plupart destinées, nous le savons bien, à s'effacer au bout d'un temps très court; c'est de former, d'assouplir, d'aiguiser l'intelligence, de lui laisser en finissant une direction et une vitesse acquise, de créer en elle et dans le caractère une spontanéité qui régénère indéfiniment le mouvement et l'impulsion. A ce degré, le bénéfice d'un enseignement ou d'une étude, ce n'est pas proprement les connaissances positives que l'esprit en a recueillies et en retient, mais en quelque sorte la façon et le pli qu'elles lui ont donnés en y passant, même sans y rien laisser d'elles, et pour ne plus revenir. Ce qui importe, c'est la structure et la solidité du moule intellectuel et moral que l'éducation livre à la vie avec chaque élève, non la quantité de bourre et d'étoupe qui gonfle pour un moment un sac destiné à se désemplir rapidement et à s'aplatir. On voit tout de suite un premier corollaire de ce principe : c'est que les notions qui ne sont là que pour elles-mêmes, qui ne contribuent pas sensiblement à façonner l'intelligence, n'ont rien d'essentiel, et qu'il y aura souvent avantage à les rayer de la liste des matières obligatoires, au profit de connaissances douées d'une vertu éducatrice. Comme exemple de ces connaissances qu'on peut éliminer sans grand dommage, je citerai l'hygiène, les principes du droit et de l'économie politique.

Considérons maintenant de plus près en quoi consiste cette façon et ce pli que l'instruction secondaire doit se proposer de donner à l'esprit et au caractère de l'enfant. Il consiste en trois choses infiniment précieuses, que je voudrais voir incessamment présentes à la pensée du législateur universitaire : inculquer à l'élève l'art de bien apprendre et la passion de bien savoir; faciliter la libre manifestation de sa vocation intellectuelle et le libre développement de ses originalités natives; tremper sa volonté par un exercice réfléchi et par un commencement d'habitude de la responsabilité. Reprenons une à une ces fins, les plus hautes que puisse viser l'éducateur et voyons les conséquences qu'on en peut tirer pour la réforme du programme de l'instruction secondaire et du régime de nos lycées.

Inculquer l'art de bien apprendre et le goût de bien savoir, cela suppose et nous dicte une première règle impérative : aucune matière enseignée dans nos lycées ne doit l'être superficiellement, ce qui ne veut pas toujours dire brièvement; car on peut être à la fois surabondant et superficiel. Toutes doivent être enseignées avec autant d'ampleur et surtout de profondeur et de précision scientifiques qu'en comporte, de classe en classe, l'âge des élèves. Voilà sans doute une raison de ne pas maintenir sur la liste des matières obligatoires des enseignements d'ailleurs excellents à conserver comme matières facultatives : par exemple l'histoire de la civilisation et des arts. Ces enseignements peuvent être très profitables à un petit nombre d'élèves, à ceux qui sont en position et qui ont la curiosité d'ajouter des fonds et des dessous solides à ces esquisses légères et vite effacées. Mais la majorité n'y puise guère que des vérités de conversation, la tentation d'en discourir, l'habitude de se prononcer sur les choses sans en connaître la substance et la portée. Ces suppressions laisseraient libre un temps qu'on pourrait encore grossir en retranchant, de la liste des matières obligatoires, le grec dans l'enseignement classique, une des langues vivantes dans l'enseignement moderne. Il n'y a que deux raisons d'apprendre une langue : pour la savoir, pour se former l'esprit. L'un et l'autre but seront d'autant plus sûrement atteints qu'on pénétrera plus avant dans la connaissance de son vocabulaire, dans la pratique de sa syntaxe, dans l'intelligence de son génie, et cela se fera d'autant mieux qu'on aura concentré son effort sur une seule langue. Rien n'empêchera d'ailleurs de maintenir la langue éliminée à titre de cours facultatif, à la disposition des élèves qui auraient le goût de la reprendre. Ce ne serait pas moins qu'un surplus de six à neuf heures par semaine, suivant les classes, qui deviendrait disponible ; et l'on mesure aisément tout ce que gagneraient en intensité et en efficacité les enseignements puissamment éducateurs, en nombre légèrement réduit, qui pourraient obtenir une part plus grande dans l'horaire. La réduction des mathématiques et de la philosophie à de solides enseignements portant sur un petit nombre de sujets et l'élimination des sciences naturelles de la liste des matières obligatoires fourniraient un autre et presque aussi ample excédent de temps disponible, soit dans les classes d'humanités, soit dans la seule classe de philosophie. A côté des enseignements fondamentaux, on pourrait, en conséquence, dans les trois ou quatre dernières classes, trouver la place d'enseignements plus approfondis sur des sujets plus limités : ces cours seraient ou facultatifs, ou, du moins, à l'option des élèves. Les cours généraux d'histoire, par exemple, seraient complétés par des conférences plus spéciales portant sur un certain nombre de périodes ou sur des institutions définies. A supposer une leçon par semaine, on aurait quarante leçons par an qui suffiraient amplement à éclairer à fond de douze à quinze questions capitales; ces conférences devraient, par une exposition très détaillée et très complète, par des lectures étendues et fréquentes empruntées aux textes originaux, descendre d'un côté jusqu'aux petits faits vivants et caractéristiques, remonter de l'autre jusque dans le voisinage des sources, sinon jusqu'aux sources elles-mêmes, et faire pressentir au jeune homme l'enchantement d'un contact plus immédiat avec la réalité scientifique. C'est dans des conférences de cette nature, par exemple, que l'élève pourrait se faire une idée déjà substantielle de ce que couvrent les mots institution, mœurs, civilisation; se rendre compte de tout ce qu'il faut savoir pour les comprendre, pour les grouper et les mettre en perspective dans leur cadre, qui est la psychologie d'un peuple et d'une époque. Dans les sciences d'observation, quelques séries de conférences spéciales, restreintes à un chapitre déterminé, se compléteraient par le travail de laboratoire, par l'expérience directe, par la vue et le maniement des appareils, par l'étude de toute la suite des applications. A côté de la classe de philosophie, un cours spécial pourrait, je suppose, porter sur deux ou trois questions de haute psychologie, sur les critiques qui ont été dirigées contre la raison ou contre la conscience, sur les considérations où se fondent l'autorité de l'une et le crédit de l'autre, sur l'importance de la psychologie sociale, sur la distinction et les rapports de l'induction et du syllogisme. On pourrait également, en quelques leçons, s'attacher à caractériser le système d'un philosophe ou d'une école, montrer l'enchaînement et le lien des idées, rendre sensibles la marche et l'évolution d'une pensée puissante. Il ne faut pas commencer ce genre d'enseignement avant les humanités, et, là même, il n'en faut pas abuser; mais ils n'en forment pas moins un élément normal et indispensable de la haute instruction secondaire. On dira que c'est de l'enseignement supérieur. Oui, certes. Mais il faut que l'enseignement supérieur s'annonce, qu'il ait déjà des amorces au sein de l'enseignement secondaire. Celui-ci manquerait son but s'il s'achevait sans avoir fait éprouver au jeune homme quelque chose de l'inoubliable sensation qu'engendre la vue directe des premiers matériaux de la Science, de leur mise en œuvre par des mains honnêtes, patientes, habiles, de la lente élaboration d'où elle sort lumineuse, solide et complète.

Il y a là une semence de curiosité ardente et joyeuse qui est peut-être le legs le plus précieux de l'éducation finissante, ce sont comme des grains de genièvre à l'arome subtil d'où renaît incessamment le désir de la même ivresse.

On voit d'après ce qui précède en quoi consisterait la double modification pratique à introduire dans les études : 1° la division de l'enseignement en classes obligatoires et en cours facultatifs; 2° une certaine liberté de choix laissée à l'élève entre toutes ces richesses. Plus l'élève est avancé en âge et dans la suite de ses classes, plus il est capable de bien user de cette liberté. Toutefois il y aurait inconvénient à ce qu'il commençât trop tôt. On ferait donc durer jusqu'à la fin de la classe de quatrième la période où toutes les matières sont obligatoires. A partir de la troisième régnerait une certaine liberté de choix ou d'option qui s'exercerait avec le concours et sous le contrôle d'un personnage dont il sera question plus loin, le Directeur d'Études[1].

Faciliter pour chaque élève la libre manifestation de la vocation intellectuelle et le libre développe-

1. Les enseignements seraient répartis en trois sections : 1° les matières obligatoires pour tout le monde, qui occuperaient en général les classes du matin ; 2° les enseignements que l'élève ajouterait de lui-même à cette première liste ; ils auraient lieu dans les classes de l'après-midi ; 3° enfin les enseignements plus approfondis sur des matières déjà étudiées dans les classes, telles que le latin, l'histoire, les mathématiques. Ils seraient donnés dans des cours qui rempliraient le milieu de la journée.

ment de ses originalités natives, voilà la seconde des fins proposées à l'instruction secondaire. Cette instruction aura manqué son but si elle s'achève sans laisser à l'élève un goût ardent et décidé pour une étude quelconque. Je ne réponds pas de l'avenir intellectuel de celui qui a prêté la même docile et moyenne attention à toutes les branches d'études; nul ne sait ce qu'il donnera, devenu son propre maître, si son activité d'esprit continuera ou s'il tournera court. Je me porte garant au contraire pour celui qu'une prédilection décidée aura conduit à creuser profondément une partie de la science, à la posséder parfaitement et à s'y sentir à l'aise; son activité d'esprit ne s'arrêtera plus. Or, cette prédilection et ce goût ne seront vifs que s'ils sont vraiment conformes à la nature de chaque enfant, et les études doivent être organisées de manière à éclaircir cette vocation naturelle, à l'exalter même en commençant à la satisfaire; nulle part un tel effet n'aura plus de chances de se produire que dans des travaux volontaires que le jeune homme entreprend pour un maître qui a su l'enthousiasmer, et dans les études approfondies auxquelles il est provoqué par les conférences spéciales à sujets limités. On voit la conséquence : de même que tout à l'heure on a donné de l'espace à l'enseignement, il faut ici donner du large et de l'air aux études en accordant à l'élève non seulement une faculté d'option étendue entre les cours spéciaux, mais une indépendance bien dosée dans la distribution de son travail et dans l'emploi de son temps. Dans le système actuel, les matières relativement nombreuses se partagent et dépècent en entier le temps du jeune homme; il n'y en a pas trop pour toutes et pour chacune. Les choses sont réglées d'ailleurs de manière qu'il n'y ait aucun loisir de reste dont l'élève puisse disposer suivant ses préférences; tout excédent de cette nature dont l'emploi ne serait pas fixé ne profiterait, on le croit du moins, qu'à l'oisiveté, à l'indiscipline et au désordre. Des études ainsi conçues ressemblent à un voyage de la compagnie Cook, où l'on fait de courtes stations, parfois même de simples haltes, dans les hôtelleries, conformément à un programme commun et banal. On n'est autorisé à s'arrêter nulle part plus longtemps que le prospectus ne l'a prévu; s'il se rencontre un endroit où l'on se plaise, on ne peut pas se permettre d'y prolonger son séjour, fût-ce une heure, et de rejoindre la caravane en sautant un point intermédiaire. Les souscripteurs de Cook ne jouissent de rien, si ce n'est du mouvement qu'ils se donnent et de la pensée qu'ils pourront dire : J'ai vu. En réalité ils ne voient rien à fond, ils ont peu de chances de comprendre et de sentir ce qu'ils voient, de s'y attacher, de rapporter de leur longue pérégrination la curiosité d'en savoir davantage sur un lieu quelconque, le rêve ou le projet d'un nouveau et plus lent voyage dans une région déterminée.

Voilà, peut-être un peu trop accusée pour les besoins de la démonstration, la condition de beaucoup de nos élèves actuels des lycées. Il y a d'heureuses exceptions, mais trop rares et combattues par toutes les forces du système ; il faut que ces exceptions soient possibles et faciles et qu'elles deviennent la règle ; pour cela, il convient que l'élève ne soit pas trop pressé, trop tiraillé par le nombre et la variété des devoirs et trop empêché de s'abandonner, je dirai même de s'oublier, dans une étude qui lui plaît. Tout est disposé pour que cette occasion ne se présente pas ou qu'il soit dans l'impossibilité de la saisir. S'il l'a saisie malgré tant d'obstacles et s'il cède pour un temps à ses préférences, le voilà en lutte cuverte avec les règlements et la discipline ; il n'est plus l'écolier modèle qu'il voulait être ; pour un rien on va le confondre dans la catégorie des élèves indociles et mal notés; il serait scandaleux de lui conseiller de braver ces conséquences, et il l'est qu'un tel conseil soit un sujet de scandale. L'élève se décourage donc et se résigne ; il rentre tristement dans le rang et continue à y marcher de son pas dégingandé de conscrit fatigué et ennuyé. Faisons donc en sorte qu'il ait un peu de temps à lui et qu'il puisse en avantager les branches de connaissances vers lesquelles il se sent porté, rien ne sera plus propre à lui faire sentir que le travail et l'effort ne sont pas toujours une peine ni seulement un devoir, qu'ils sont à l'occasion, une source de vives joies. Le système actuel, par l'impression de contrainte et de monotonie, de régularité machinale qu'il mêle à tout, crée trop souvent une sorte de préjugé contre le travail, préjugé qui accompagne le jeune homme dans la vie et dont il a souvent grand'peine à se défaire; mais surtout le même système risque d'étouffer les vocations intellectuelles, Ce serait assurément un grand bienfait qu'au sortir des études secondaires le jeune homme, au lieu de s'ignorer, se connût, qu'il sût ce qu'il aime et à quoi il se plait, et que le travail restât transfiguré pour lui par le souvenir délicieux de l'effort dépensé dans une étude de son choix. Je ne sais rien de pire que la liberté d'indifférence ou même l'affadissement, qui sont trop souvent le plus clair de l'héritage de l'éducation dite libérale; le savoir le plus étendu et le plus varié ne les rachèteraient pas, à supposer qu'on pût sans goût et sans passion acquérir un tel savoir.

Tremper s'il se peut le caractère par un exercice réfléchi de la volonté et par un commencement d'habitude de la responsabilité, voilà le troisième but à atteindre et rien n'y aidera plus efficacement que de laisser à l'élève une certaine liberté dans l'emploi de son temps et la répartition de son travail, et une certaine faculté d'option entre les cours complémentaires. L'instruction secondaire fait profession de former des citoyens, non des sujets, des hommes capables de faire leur métier d'homme et non pas simplement des écoliers exemplaires. Comment cette prétention pourra-t-elle se justifier si pendant toute la période scolaire et jusque dans les trois dernières classes, tout ce que doit faire l'élève a été prévu et le plan d'études de chaque section réglé de la même manière pour tout le monde, en sorte que l'élève a l'impression très nette qu'on a pensé et voulu pour lui, qu'il est exempté de faire ce double effort pour son compte, que, de plus sages que lui ayant jugé bon et prescrit un certain ordre de travail, il n'a qu'à se soumettre et à s'y conformer? D'ailleurs, l'alternative ne lui est pas laissée. Les règlements sont impératifs; un petit nombre d'élèves seulement y résistent ou s'y dérobent; les autres, et par mieux les enfants les plus consciencieux, baissent la tête et cheminent avec le troupeau. Le jeune homme achèvera donc ses études sans avoir eu une seule fois l'occasion et la permission de se consulter et de s'écouter, de s'enquérir auprès de ses conseillers naturels, de délibérer, de prendre une décision, de faire un choix, d'y persévérer librement, d'en avoir l'honneur après en avoir assumé la responsabilité. C'est là en vérité l'apprentissage même de la vie, et il est surprenant que rien dans notre instruction secondaire ne l'annonce et n'y prépare. L'élève, entré enfant au lycée, a des chances d'en sortir enfant; voilà ce qu'il faut réformer, et l'on ne saurait exagérer l'importance et l'urgence de la réforme. Elle peut être accomplie par un moyen très simple : donner à l'élève lui-même le choix ou l'option entre un certain nombre des matières enseignées. Ce choix, cette option sont difficiles ; c'est pourquoi l'élève ne serait pas abandonné à lui-même, il aurait auprès de lui un guide sûr qui l'aurait suivi de classe en classe et dont les conseils ne lui feraient pas défaut. Pour les cours approfondis où sont reprises les matières mêmes enseignées dans les classes, le directeur d'études seul aurait qualité pour en dispenser son pupille ; la dispense ne serait accordée que dans des cas exceptionnels. Quant aux matières comme le grec, une seconde langue vivante, les sciences naturelles, l'hygiène, etc., elles seraient essentiellement facultatives et c'est par suite d'un avis concerté avec son « directeur » que l'élève en entreprendrait l'étude. Ces choix réfléchis et délibérés marqueraient une date dans la vie morale du jeune homme ; avec eux commenceraient l'indépendance, la possession de soi-même, la responsabilité. Je n'insiste pas, mais je demande qu'on remarque en passant l'immense avantage qui résulterait de ce que l'élève, ayant jusqu'à un certain degré distribué lui-même ses heures de travail et choisi à son gré parmi les matières à option, serait et se croirait en partie l'inventeur de son plan d'études. Il aurait la satisfaction de penser que ce plan n'est pas celui de tout le monde, que c'est très particulièrement le sien. Il s'y attacherait par amour-propre d'auteur, il s'intéresserait à le voir réussir, il ferait de grands efforts pour échapper à l'humiliation de s'être trompé. Je crois qu'on ne saurait faire trop de crédit à la vivace et saine énergie d'un tel stimulant, mais ce qui le recommande plus encore, et je reviens ici à mon propos le plus essentiel, c'est que le jeune homme y apprendrait à vouloir : initiative, vigueur morale, goût de la responsabilité, voilà trois gains qui méritent bien qu'on les paye de quelques efforts, de quelques inconvients et de quelques sacrifices.

VIII

Résistances.

J'aime à croire que le lecteur a suivi sans trop d'impatience l'exposé d'un système en contradiction avec les idées reçues et les habitudes régnantes. Je ne me dissimule pas la critique qu'il a sans doute eue constamment présente à l'esprit au cours de cette lecture : « Mais ce sera l'incohérence et le disparate mêmes, l'indiscipline et la fantaisie! » Je demande un peu de crédit encore jusqu'à ce qu'on ait pu voir à l'œuvre le directeur d'études qui est le nœud de tout le système, l'organe essentiel de toute réforme.

Avant d'aborder ce sujet, je voudrais examiner et sonder les résistances que rencontrera la nouvelle organisation chez tous les hommes chargés de l'apprécier et de la pratiquer; je crois qu'il me sera facile de montrer que ces résistances ne dureront pas parce qu'elles ne sont fondées que sur un préjugé ou sur une habitude vicieuse.

La première opposition, l'opposition la plus décidée, viendra des proviseurs et des professeurs. Ceux-ci ont une raison particulière pour se liguer contre le nouveau régime: je demande la permission de la dégager et d'y insister.

L'instruction secondaire comprend deux actes distincts, aussi nécessaires l'un que l'autre; le premier est l'acquisition des connaissances, le second est la réflexion, appliquée aux connaissances acquises; le premier consiste à absorber, le second à digérer.

Tout l'effort des organisateurs de l'enseignement secondaire a constamment tendu à diminuer la part de la réflexion, à augmenter celle de la pure acquisition des connaissances. La raison en est simple. La fin suprême que recherchent instinctivement proviseurs et professeurs, c'est que tout le temps de l'enfant soit employé à des actes susceptibles de surveillance et donnant un résultat matériel. Ce qu'ils redoutent le plus ce sont des actes qui, par leur nature subtile, échappent à tout contrôle. Or, l'acquisition des connaissances s'obtient par des actes visibles dont les résultats sont contrôlables. L'enfant a un livre devant ses yeux baissés : il y apprend sa leçon; il fait une rédaction d'histoire ou s'efforce, à grands coups de dictionnaire, de venir à bout d'une version ou d'un thème. Toutes ces choses se voient.

En tout cas il faudra, à la fin, réciter ce qu'on a appris, présenter sa composition, sa version ou son thème et, bien qu'on pût à la rigueur dépenser dans ces trois devoirs une bonne dose de réflexion, l'enfant a tant à faire, il est si peu guidé, invité de si loin à ce travail ardu, qu'il y renonce le plus souvent et donne simplement ce qui lui vient pendant le temps qui lui est mesuré. Le professeur n'intervient jamais dans la confection du devoir; on ne lui soumet que le devoir effectué; il se borne à corriger quelques erreurs, et ses observations remontent rarement plus haut que le vrai sens d'une phrase, la vraie acception d'un mot. Aussi n'y a-t-il guère lieu à réflexion dans les devoirs que j'ai cités. Tant que l'enfant n'a que des travaux de ce genre à faire, le chef de l'institution est sans inquiétude; sa tendance instinctive est donc de les multiplier, et il n'est jamais plus satisfait que lorsque ces travaux occupent et se partagent toute la journée de l'étudiant.

« Vous avez mille fois raison, répondent d'une seule voix proviseurs et professeurs, mais comment veut-on que nous fassions une place à la réflexion dans l'éducation collective? Les signes extérieurs, par lesquels se manifeste le plus souvent cette forme d'activité de l'esprit, sont le silence, un pli dans le front, la fixité du regard. La réflexion dure ainsi une demi-heure, une heure, deux heures, sans qu'on puisse dire si l'enfant a bien ou mal employé son temps, sans qu'on puisse le juger même par le résultat, car souvent tout ce travail, qui n'a amené l'enfant à aucune conclusion, a néanmoins servi à débrouiller son esprit. Ce qui est plus grave, c'est que l'élève est libre de ne rien faire pendant ce temps consacré, en apparence, à une activité si précieuse ; il peut rester oisif, penser à ce qu'il veut, se moquer en dedans de la naïveté de ses professeurs. Les effets de la réflexion sont extrêmement divers et inégaux suivant les natures d'esprit ; impossible de fixer une moyenne que chaque élève devra atteindre avec de l'attention et du zèle. L'acte de la réflexion échappe en lui-même à toute surveillance ; il y échappe encore par ses résultats. »

La réponse ne manque pas de justesse; mais ce n'est pas de cette réflexion solitaire qu'il s'agit ici; c'est d'une réflexion perpétuellement sollicitée, tenue en haleine, artistement guidée vers des fins supérieures. Faire intervenir le professeur dans la préparation du devoir par chaque élève, en rendant cette préparation collective, en la transportant partiellement dans la classe, en la faisant diriger par le maître lui-même au moyen de questions, d'exhortations, de rectifications, je ne sais rien qui promette et donne plus de fruits. C'est là l'objet des cours spéciaux et approfondis que nous avons proposé d'établir; ces cours pourraient revêtir toutes les formes au gré du professeur, mais ils prendraient surtout celles de questions habilement échelonnées, allant d'un bout à l'autre d'un grand sujet. Cela aurait l'unité d'une leçon, mais d'une leçon consistant tout entière dans les réponses provoquées et corrigées des élèves, à qui cette collaboration laisserait un souvenir profond et tenace. Rien ne prouve que les professeurs qui prisent si peu l'acte de réflexion, au sens général de ce mot, ne fassent grand cas, au contraire, de ces exercices et qu'ils ne soient entraînés à leur tour par l'ardeur et la curiosité des jeunes gens. On doit donc s'attendre à ce que la résistance ne dure pas; les adversaires de la première heure deviendront, par la suite, des alliés ardents et convaincus.

Après les professeurs, les plus violents et les plus amers, dans leurs objurgations, seront certainement les pères de famille; ils trouveront la réforme fâcheuse pour leur repos et chercheront d'abord tous les moyens de ne pas se laisser persuader. Je les vois frémir à la pensée que leurs fils, ayant des choix à faire, se retourneront vers eux et leur demanderont d'en partager la responsabilité. « Que sais-je de tout cela, diront-ils, qu'en puis-je savoir? A qui veut-on que je m'adresse pour un conseil? C'est à l'Université qu'il appartient de déterminer le meilleur plan d'études et, l'ayant déterminé, de l'imposer à tous. Elle est payée pour cela; mon fils n'est pas autrement fait, je suppose, que les jeunes gens de son âge; je ne lui veux rien de particulier; je veux surtout qu'on le discipline et qu'on lui apprenne à obéir. »

N'acceptons pas l'humiliation de croire que cette bassesse de sentiments et cette platitude de langage soient un trait de mœurs profond, particulier à nos classes moyennes. C'est bien plutôt l'effet d'une longue désaccoutumance qui est elle-même le résultat des lois et des règlements universitaires édictés il y a un siècle. Tout cela peut être réformé dans une très large mesure. Il n'est certes pas question de contester à l'Université son droit et son devoir de régler souverainement l'instruction et l'éducation dans ses propres établissements; il faut qu'elle soit maîtresse chez elle. Mais cela empêche-t-il d'accueillir et de rendre facile l'intervention des parents à titre consultatif? Actuellement, les autorités scolaires les accueilleraient par un regard de surprise s'ils s'avisaient d'avoir et de vouloir exprimer une idée à eux sur le caractère de leur fils, sur la façon de s'y prendre avec lui; ils ne trouvent au lycée personne à qui en parler sérieusement et on leur ferme bien vite la bouche avec une banalité ou avec le règlement. J'en ai rencontré souvent qui sortaient de chez le proviseur, après lui avoir amené leurs enfants; ils emportaient l'impression que ce haut fonctionnaire ne les avait écoutés que pour la forme, qu'il ne ferait rien parce qu'il ne pouvait rien, que personne auprès de lui ne pouvait davantage, que la lettre sèche du règlement était la seule souveraine. Il faut changer cela. Mêlons à la règle quelque chose de personnel et de vivant; faisons en sorte que les observations et les suggestions des parents rencontrent au lycée des directeurs d'études empressés à les écouter, capables de les juger et libres d'en tenir compte dans une mesure raisonnable, et nous verrons reparaître, quoi qu'on en dise, ce trait viril d'une paternité vigilante, jalouse de sa responsabilité et de ses droits, qui compléterait heureusement la physionomie de notre famille française, si admirable à tant d'autres égards.

Qu'on me permette un apologue qui aurait pu trouver place dans une de ces histoires apocryphes de Napoléon, fantaisies assez goûtées au temps de mon enfance, et où l'on voyait le vaincu de 1814, vainqueur une dernière fois à Waterloo, gouverner avec sagesse, dans une Europe pacifiée, une France agrandie et glorieuse. Napoléon ne se serait pas affranchi de son naturel; il serait resté le grand mécanicien, l'administrateur efficace et confiant en lui-même qu'il fut pendant quinze années. S'il avait vécu, peut-être se serait-il avisé que le mariage, l'union des familles et des fortunes, les chances de fécondité importaient trop à la chose publique pour être abandonnés au hasard ou aux convenances privées des familles. Peut-être aurait-il offert aux parents ses bons offices et organisé une administration disposant de puissants moyens d'enquête. Peu à peu les intéressés auraient pris l'habitude de s'adresser à elle, et des règlements successifs auraient par degrés consacré l'abdication de la famille et la curatelle matrimoniale de l'État. Supposons que ce régime eût duré un demi-siècle et qu'au bout de ce temps le législateur, cédant aux clameurs des idéologues, proposât de réintégrer les parents dans le droit et le devoir d'établir eux-mêmes leurs enfants. Bon nombre d'entre eux auraient déjà pris le pli ; ils trouveraient commode de n'avoir qu'à s'inscrire et à attendre. Si le législateur passait outre, ils gémiraient du trouble apporté à leur quiétude et jugeraient la tâche au-dessus de leurs forces. Ils ne manqueraient pas — tant l'égoïsme est ingénieux à créer des illusions — de soutenir avec conviction que les mariages conclus par l'État donnaient en moyenne des résultats satisfaisants ; l'État a l'œil partout, il possède d'excellentes statistiques, des rapports de police, des renseignements de toute nature qu'il peut aisément centraliser ; comment un particulier pourrait-il faire mieux ou même aussi bien ? Ses moyens d'information et son champ de sélection sont infiniment moindres. On finirait par supplier l'État de maintenir le *statu quo* et on lui ferait conscience de se décharger sur l'initiative privée d'un de ses devoirs publics les plus essentiels et les plus évidents.

Au reste le plus grand mal n'est pas que quelqu'un soit substitué au père de famille. Il y a là, comme je l'ai dit, une nécessité de l'éducation collective et publique. Mais le plus grand mal c'est que ce substitut soit lui-même, pour une raison ou pour une autre — manque d'aptitude, manque d'autorité, manque de temps à cause du trop grand nombre d'élèves, manque d'initiative et de liberté à cause d'une réglementation trop rigide — dans l'impossibilité d'exercer une action pédagogique judicieuse, suivie, particulière à chaque enfant; disons mieux, de contrôler et de diriger non seulement les études mais l'éducation, — j'entends par ce mot la formation de la partie effective, morale et sociale du caractère de l'élève.

IX

La réforme et le régime de nos lycées.

Le sujet est si capital que nous demandons la permission de le reprendre d'un peu haut et d'y insister. On a dénoncé à plusieurs reprises, dans ces derniers temps, l'insuffisance de l'éducation dans nos lycées. Je ne sais si l'éducation a vraiment plus perdu que gagné depuis l'époque où les hommes de notre génération étaient sur les bancs du collège; on ne s'en inquiétait pas alors, on en parlait encore moins, et, si on le faisait, c'était sans le savoir. On ne s'en est guère préoccupé davantage lorsque, en 1880, une louable passion du mieux, un prodigieux entrain de réforme s'est emparé de l'Université, de ses chefs et de ses conseils. Toute la capacité de critique et d'invention, tous les désirs et les espérances des hommes éminents qui ont entrepris de moderniser l'Université, ont été vers l'instruction et se sont dépensés à modifier les programmes d'études. Ce n'est guère que vers 1890 que, mis en demeure par la concurrence des maisons religieuses qui font de l'éducation à leur manière, et par les dispositions des pères de famille, dont beaucoup, sans professer un grand goût pour cette éducation, la préféraient à n'en avoir pas, on s'est avisé de vouloir introduire entre les chefs ou les professeurs de nos lycées et leurs élèves des rapports plus insinuants, un ton plus paternel, plus de bonhomie et de confiance, toutes choses qui se rattachent à une conception plus haute des fins que l'Université se propose. Tout cela n'a guère abouti qu'à deux choses : la création de cours de pédagogie qu'on veut multiplier encore, des règlements très libéraux d'intention sur la discipline intérieure, les punitions, les récompenses, les droits et les devoirs des maîtres d'études, règlements longuement étudiés, infiniment nuancés, solutions élégantes du problème auxquels il faut surtout savoir gré, ce me semble, des petits chefs-d'œuvre de psychologie saine et subtile qui ont été mis au jour à cette occasion ; dans la pratique, ils ne semblent pas avoir donné de grands résultats, si l'on en juge par le cri d'alarme jeté récemment par M. Lavisse qui a été l'un des principaux initiateurs de la réforme et à qui on peut se fier pour l'avoir suivie depuis huit ans dans son opération et ses effets, avec l'attention sagace et passionnée qu'il apporte en ces graves questions.

Cet insuccès n'a rien qui doive étonner. La façon dont on a procédé le rendait inévitable. On a entrepris, en effet, d'organiser la bonne éducation par les *hommes*, et l'on ne s'est pas avisé qu'auparavant on avait organisé irrésistiblement la mauvaise éducation par les *choses*. C'était demander l'impossible aux maîtres intelligents et dévoués qu'on a mis en mouvement; tout l'ensemble du système était contre eux; leurs efforts devaient être aussi vains qu'ils étaient méritoires : que certains aient manqué de science pédagogique, soit; qu'il y ait lieu de munir désormais les maîtres de certains principes d'éducation, je l'accorde volontiers à M. Lavisse. Mais eussent-ils été tous des Arnold, des Basedow, des Marion, ils auraient échoué pareillement. Les conditions générales du milieu étaient plus fortes que leur bonne volonté; c'étaient ces conditions qu'il aurait fallu modifier avant de lancer les hommes à la poursuite d'un but que, dans l'état présent des choses, ils n'ont encore aucune chance d'atteindre.

Le trait le plus apparent et comme le symbole de cette organisation, qui met à néant les plus louables efforts, c'est le lycée. Rien qu'à voir les longues façades monotones de nos établissements les plus florissants, et les longues suites de fenêtres pareilles, on pressent que derrière ces murs pourront habiter la discipline, la police — l'éducation jamais. L'analogie de la caserne, qui d'ailleurs a fourni le modèle moral, sinon matériel, de nos premiers lycées, saisit l'esprit du passant. Ce n'est qu'une impression, sans doute ; mais une impression qui va se confirmer par un examen de ce que cette uniformité recouvre. Dans cette multitude d'enfants réunis, c'est déjà un problème ardu de faire régner la décence d'un ordre extérieur. Les chefs n'acceptent pas volontiers qu'on ne leur laisse pas le choix entre tous les moyens d'y réussir, et que, sous prétexte d'une fin plus élevée, à laquelle le gros public est peu sensible, on les expose à la honte insupportable de s'entendre dire que l'établissement est mal tenu. Dans un lycée où il y a plusieurs centaines d'élèves, la préoccupation de l'ordre apparent redeviendra toujours la première, même si on a obtenu un instant qu'elle ne le soit plus.

Quelles sont les conditions de cet autre ordre plus profond qu'il y a tant de raison de préférer à l'ordre apparent, et comment le proviseur, le censeur, les maîtres d'études, les professeurs contribueront-ils à le réaliser, chacun pour sa part? Il est par dessus tout moral, ce qui implique qu'il doit finir par avoir ses assises, toutes ses formules, toutes ses sanctions, dans l'esprit et le cœur de chaque élève, et c'est là ce qui fait la haute valeur éducatrice de tout système apte à le produire, car chaque élève l'emportera avec lui dans la vie, comme une force vive qui deviendra quelque chose de lui-même, au lieu de s'en débarrasser à la porte du lycée quand il en sort, comme il fait de son uniforme et des règles de discipline qu'il a dû si longtemps subir. Or, pour que cet ordre naisse et se développe sûrement, il faut que chaque enfant soit connu individuellement et suivi incessamment par la sollicitude éclairée d'un maître. Un établissement public n'est pas la famille; il y faut des règles, et c'est un des bienfaits de ce genre d'éducation de faire sentir aux jeunes esprits la fatalité ou la nécessité, bien plus, de leur faire accepter l'iniquité parfois criante à l'égard de l'individu, et néanmoins la justification dans l'ensemble de certaines maximes impersonnelles adaptées à des moyennes; la vie abonde en maximes de ce genre, il faut apprendre à s'y plier pour apprendre à vivre. Mais s'il faut que ces règles soient communes, il ne faut pas qu'elles soient jamais banales : il importe que quelqu'un soit toujours là pour les interpréter quand elles menacent de paraître simplement brutales, pour les adapter aux circonstances et aux personnes sans en affaiblir la leçon sociale, le conseil d'acceptation et de soumission qu'elles contiennent; il faut que l'agent de cette œuvre d'arbitraire et de tact soit un homme d'expérience et de grand crédit, agissant avec assez de discrétion, de justesse et d'à-propos pour que l'autorité et la haute signification de la règle qu'il fait fléchir ne soient jamais atteintes, ayant une élévation d'esprit et de caractère assez incontestée pour que les dérogations qu'il fait aux principes ne paraissent jamais l'effet du caprice ou de la faveur et que son autorité personnelle en soit accrue plutôt que diminuée. Or, dans nos lycées de 300 à 400 élèves, qui serait en mesure d'entreprendre une pareille tâche? Le proviseur? Je le tiens, par hypothèse, pour un pédagogue accompli, pour un éducateur habile et passionné. En fait, ce sera l'exception; car, en général, les candidats à la direction des lycées se proposent et sont choisis pour leurs dons et leurs aptitudes d'administrateur. Ce fonctionnaire, fût-il le plus actif et le plus laborieux des hommes, où trouvera-t-il le loisir et la liberté d'esprit qu'il faut pour connaître chaque enfant? M. Marion n'attend pas moins de lui : c'est bien mal mesurer le labeur qui lui incombe par les relations et la correspondance avec les familles, les communications avec le ministère, les comptes rendus circonstanciés dont les cartons de la rue de Grenelle sont avides, les détails de la vie intérieure du lycée, lesquels finissent tous par remonter jusqu'au chef responsable. Ce labeur n'est pas seulement lourd, il est affadissant. Ajoutez les rapports souvent difficiles avec des professeurs qu'il n'a pas choisis, dont beaucoup s'estiment supérieurs à lui, et sur lesquels il a l'ingrat devoir de fournir des notes. Il n'a pas moins d'embarras avec les maîtres d'études, car il les trouve armés d'un règlement minutieux fixant leurs droits et leurs devoirs; maintes fois il se voit opposer un texte quand il donne un ordre pour le bien du service. C'est chimère d'exiger d'un homme aussi accablé d'une besogne administrative énorme et délicate qu'il trouve le temps de méditer, de préparer pour un grand nombre d'enfants la série étudiée des actes éducateurs. C'est chimère aussi de croire que, même serait-il un conseiller judicieux, il sera un conseiller écouté de ceux qui sont placés plus près des enfants, en ont un moindre nombre à diriger et sont en position d'exercer sur eux une action vraiment plastique. Il s'essayera peut-être par bonne grâce et bonne foi dans ce rôle, mais ce sera pour se décourager bientôt, et son attention se concentrera de nouveau sur ce qui peut assurer, à moins de frais, la bonne tenue extérieure et la bonne renommée de la maison.

Les professeurs — je les suppose eux aussi des pédagogues capables et passionnés — éprouveront pour d'autres raisons un égal sentiment d'impuissance. L'action qu'il leur est donné d'exercer est limitée à la durée des classes, c'est-à-dire à deux ou trois heures au plus chaque jour, presque entièrement remplies par des exercices d'instruction, qu'ils peuvent faire servir suivant l'occasion à ce qu'on peut appeler l'éducation intellectuelle, beaucoup plus rarement à l'éducation morale. Ce peu d'heures passées, l'élève ne leur appartient plus ; il tombe pour tout le reste du jour sous des influences dont la connaissance et le contrôle leur échappent. S'il se trouve que ces influences s'exercent en sens contraire de la leur, ils n'en sauront rien et n'y pourront rien.

Chez qui se rencontrera-t-il un amour si désintéressé du devoir pour le devoir qu'avec tant de chances de ne réussir à rien ils entreprennent une œuvre que la probabilité d'un succès seul rend attrayante? Les conférences scolaires, instituées pour que les professeurs de la même classe et de toutes les classes s'entendent, ne feront que juxtaposer leurs impuissances. On n'y appelle point, que je sache, les maîtres d'études, et c'est pourtant de ces personnages de second plan que tout dépend. Eux seuls passent de longues heures de suite avec l'enfant; sur eux retombe, d'incidence en incidence, la possibilité d'une action efficace.

Or ils sont moins que tous les autres capables de l'exercer. Ce sont ou des jeunes gens qui n'ont qu'une culture incomplète et des grades inférieurs, ou des vétérans que leur médiocrité seule a maintenus dans ces postes subordonnés. Ils n'ont pas d'expérience ou n'ont qu'une expérience chagrine qui les rend impropres à diriger des enfants; ils n'ont pas d'autorité auprès d'eux, étant des subalternes. Les plus capables sont possédés du désir impatient de changer de position et de tâche; cela veut des études et une préparation qui ont toutes leurs pensées. Comment s'attacheraient-ils à une œuvre qu'ils ne doivent pas continuer, et qui, pour le présent, les classe à un rang où l'opinion leur fait honte de rester? Ainsi l'éducation, la partie la plus élevée et la plus vitale du mandat donné à l'instituteur, est dans les mains les moins aptes à s'en bien acquitter; et il y a un contraste lamentable entre la primauté de la fonction et l'infimité de l'agent qu'on en charge.

Je n'ai pas reproduit une fois de plus ces observations pour le plaisir de contrister de braves gens qui font de leur mieux. J'ai voulu montrer au contraire que leur bonne volonté n'y peut rien, que le vice est dans le système et que c'est le système qu'il faut d'abord changer. J'ai déjà indiqué en passant, — et je rappelle ici — le principe et les conditions essentielles de toute réforme. Le principe, c'est que l'éducation, étant la plus haute, la plus difficile des tâches qui incombent à l'instituteur, doit être confiée à ce qu'il y a de plus élevé, de plus capable et de plus considéré dans le personnel de nos lycées. Ce sont les maîtres les mieux doués ou les plus expérimentés, ceux dont l'autorité morale est la mieux établie qui doivent hériter de la tâche actuellement dévolue aux maîtres répétiteurs; il faut qu'on sache bien, il faut qu'on sente que cette tâche est la première et la plus essentielle de toutes et cela ne deviendra manifeste que si c'est l'élite du professorat qui en est chargée. Tout se déduit de là et nous y ramène. Le problème de l'éducation collective repose en effet sur ce paradoxe qu'il y faut des règles générales, impératives et strictes dans leur formule, qui cependant soient assouplies, diversifiées, individualisées dans l'application, en sorte qu'elles donnent des solutions adaptées aux circontances et aux personnes, sans cesser d'être et de paraître des règles. Cela implique que l'éducateur ait une grande liberté pour les interpréter et les faire varier ou plier selon les cas. Cela implique aussi qu'il ait assez de sagacité et de finesse pour n'y déroger qu'à propos, assez d'autorité pour que les exceptions qu'il y fait soient prises en bonne part et ne détruisent pas la salutaire impression d'une loi commune à tous, égale pour tous. Cela implique encore — et nous retrouvons ici le principe fondamental de la réforme — qu'il soit un homme de grand savoir et de large culture, placé très haut dans l'estime de ses pairs et, par là, dans l'opinion de la jeunesse. Tout cet enchaînement de nécessités et de conséquences se trouverait réalisé, à ce qu'il semble, dans l'organisation que nous allons essayer de décrire à grands traits. Les établissements d'enseignement secondaire ne pourront pas tous être modelés sur ce type; mais tous devraient tendre à s'en rapprocher.

Je ne voudrais de lycées urbains que dans les très grandes villes. Il y a là un grand nombre de familles en état de souhaiter pour leurs fils le bénéfice d'une instruction secondaire; l'externat est ce qui répond le mieux à leurs convenances. En dehors des grandes villes, l'État gagnerait beaucoup à n'entretenir qu'un très petit nombre de grands internats, jouissant de tous les avantages de la campagne. L'internat est une forme décriée, il n'en est pas moins, si l'on sait s'y prendre, une forme excellente, qui peut devenir la plus parfaite, de notre instruction secondaire publique. C'est par l'ampleur, la puissance et la perfection de l'organisation qu'on doit chercher à vaincre la concurrence des établissements religieux, non par l'ubiquité du petit lycée banal, médiocre, sans chaleur, sans mouvement et sans vie. Voici comment je me présente ce grand internat. Un large édifice central où se trouveraient réunis les classes, la bibliothèque, les dortoirs, le réfectoire commun, plusieurs services généraux, les bureaux des autorités (proviseur et censeur) ; tout autour, disséminés dans un parc, huit ou dix bâtiments isolés contenant chacun un appartement pour un professeur et des salles d'études, éventuellement un dortoir et un réfectoire pour un certain nombre d'élèves : voilà comment je me représente le lycée modèle. Ce plan devrait être naturellement modifié ou transposé pour les lycées urbains ; des quartiers distincts y remplaceraient les maisons isolées, des cours spacieuses y tiendraient lieu de parc[1].

1. La facilité et la célérité actuelle des communications, les conditions de mieux en mieux connues de l'hygiène ne condamnent-elles pas à un abandon plus ou moins prochain les édifices construits au centre des cités populeuses? Il est significatif que là où on aurait pu se rapprocher du type indiqué, notamment dans les établissements de la banlieue de Paris, on ait construit, tout comme dans les villes, de véritables casernes qui ne diffèrent de leur modèle militaire que par un luxe encore plus exagéré de pierres de taille et d'ornementations. De telles aberrations ne devraient plus se produire.

Dans chacun de ces bâtiments distincts, habiterait un directeur, professeur honoraire ou en fonctions; il y réunirait un nombre déterminé d'élèves dont il aurait spécialement la charge. La population d'un lycée ne se présenterait pas seulement comme un ensemble de classes où les élèves seraient répartis suivant l'âge, mais comme un ensemble de groupes formés d'élèves d'âges différents, appartenant à toutes les classes. L'unité et l'individualité du groupe reposeraient sur la personne du directeur, qui garderait ses élèves et leur servirait de guide pendant une période assez longue, généralement celle des classes de grammaire ou celle des classes d'humanités. Il gouvernerait les enfants au moyen d'auxiliaires à son choix; on s'appliquerait à lui rendre facile la désignation de ses collaborateurs en lui imposant le moins de règles possibles. Les maîtres d'études dépendraient uniquement de lui; ils ne formeraient pas un corps distinct qui a conscience de ses droits; ils n'auraient pas un code et des règles à invoquer pour résister à un ordre qui leur est donné en vue du bien; ils useraient, à l'égard des enfants, des procédés que chaque directeur d'études, dans sa sagesse, aurait déterminés. C'est ce directeur qui, seul, répondrait aussi bien de ses auxiliaires que des élèves confiés à leurs soins, auprès des pères de famille et de l'opinion. La direction d'études deviendrait le couronnement de la carrière professorale. Commis à une fonction si haute, quelques-uns ayant double tâche, les nouveaux maîtres seraient rétribués en conséquence. J'aimerais, je l'avoue, qu'ils fussent présentés par leurs pairs, — j'entends par là l'ensemble des professeurs du lycée. Le proviseur ne serait le plus souvent que l'un d'entre eux, porté à ces hautes fonctions par son mérite reconnu et éprouvé.

Ainsi organisé, le lycée se présenterait comme une sorte de république autonome. Le personnel de cette république serait plus stable qu il n'est aujourd'hui; les places de directeur d'études apparaîtraient comme la fin et l'honneur d'une carrière; l'héritage de ces places serait envié et brigué par plus d'un professeur; professeurs et directeurs d'études deviendraient donc sédentaires; l'élément nomade, inquiet, toujours mécontent, qui demande à changer pour avancer, serait désormais l'exception au lieu d'être la règle et cesserait de donner le ton. Ce personnel, n'ayant plus l'idée ni l'envie de se déplacer, prendrait au sérieux son œuvre: il comprendrait les intérêts et sentiraient les besoins de la région où il est établi; il y pourvoirait par des créations de cours et d'exercices appropriés. Quoi de plus naturel que d'associer à ces tentatives les notabilités locales, en instituant un conseil de perfectionnement où elles siégeraient à côté des directeurs d'études! Ce conseil n'aurait pas le défaut commun à toutes nos institutions universitaires : il ne serait pas entièrement professionnel et il comprendrait un élément régional.

Le gouvernement pourrait lui déléguer sans crainte une partie du contrôle qu'il se croit tenu d'exercer. La personnalité du lycée ne s'effacerait pas sous l'uniformité des règles édictées d'en haut et du centre; l'administration supérieure n'y interviendrait que par quelques principes d'ordre général et par le contrôle des résultats. L'espèce de conseil des anciens que formeraient les éducateurs dans les questions de discipline intérieure ne serait sans doute pas moins sobre de réglementation. Ses délibérations serviraient surtout à la mise en commun des expériences faites librement par chacun et des leçons utiles qu'elles contiennent. C'est aux directeurs qu'il appartiendrait de tracer ou d'approuver le plan d'études de chaque élève, de régler la répartition de son temps, d'autoriser les options permises entre les cours, d'appliquer, de suspendre ou d'atténuer les sanctions de la discipline. Ils profiteraient de ce pouvoir discrétionnaire pour laisser à chacun, selon sa nature d'esprit et son caractère moral, juste la mesure d'initiative qui peut le former graduellement au bon usage de la liberté; ils se concerteraient à ce sujet avec le père de famille éclairé et attentif, avec les professeurs des classes que l'enfant traverse successivement, et avec le proviseur. On voit aisément comment tout le système prendrait de là une souplesse, une sûreté d'adaptation et, finalement, une efficacité qui lui ont toujours manqué.

Les mœurs et les traditions scolaires se prêteraient plus facilement qu'il ne paraît d'abord à la réforme proposée. Le régime actuel ne met en jeu, du côté des professeurs, qu'un individualisme simplement honnête qui s'acquitte du devoir imposé par les règlements et ne se croit pas autorisé à rien chercher au delà; du côté des élèves, que le respect de la loi commune et de la discipline, sans aucune initiative personnelle. Quelle résistance un système si peu vivant, si peu cohérent, si pauvre en conscience collective, pourrait-il opposer aux attractions puissantes de cette autre organisation si souple, si animée, si pénétrée d'une force plastique toujours en action? J'incline à croire que toute la constitution de l'enseignement secondaire se remodèlerait facilement et que les nouveaux groupements s'opéreraient sans difficulté entre les éducateurs, les professeurs et les élèves, car aucune adhérence préexistante ne gênerait leurs mouvements. Je m'imagine le joyeux état d'esprit de l'enfant quittant l'air froid de la salle d'études banale pour l'air tiède d'une maison quasi familiale, accueilli, surveillé paternellement par un conseiller qu'il voit entouré d'un respect unanime, traité déjà en homme à qui on laisse en partie la décision et la responsabilité de ce qui le concerne, guidé néanmoins de façon que les plus gros mécomptes lui soient épargnés. Le jeune homme connaîtrait là un bonheur qui lui a été refusé jusqu'à ce jour et ce bonheur suffirait pour rendre inutiles, en grande partie, les stimulants artificiels, le ton comminatoire et les procédés trop souvent antiéducateurs de l'instruction collective dans nos lycées.

La tâche des directeurs serait extrêmement attachante et je ne doute pas que plus d'un admirable éducateur ne se révèle parmi les maitres auxquels on voit aujourd'hui un air ennuyé ou indifférent. La mise en demeure d'un grand devoir à remplir, les leçons d'une expérience quotidienne instituée sur des êtres réels et vivants, voilà le cours de pédagogie par excellence, et la science de l'éducation devrait à cet enseignement en action des progrès d'une sûreté et d'une solidité particulières.

39212. — Imprimerie Lahure, rue de Fleurus, 9, à Paris.